हू तू तू

कहानी और मंज़रनामा

हू तू तू

कहानी और मंज़रनामा

गुलज़ार

लिप्यन्तरण

कमल नसीम

राधाकृष्ण

नयी दिल्ली इलाहाबाद पटना

ISBN : 978-81-8361-065-0

हू तू तू

पहला संस्करण : 2006
पहली आवृत्ति : 2013

मूल्य : ₹ 250

प्रकाशक
राधाकृष्ण प्रकाशन प्राइवेट लिमिटेड
7/31, अंसारी मार्ग, दरियागंज, नई दिल्ली-110 002

शाखाएँ : अशोक राजपथ, साइंस कॉलेज के सामने, पटना-800 006
पहली मंजिल, दरबारी बिल्डिंग, महात्मा गांधी मार्ग, इलाहाबाद-211 001

वेबसाइट : www.radhakrishnaprakashan.com
ई-मेल : info@radhakrishnaprakashan.com

आवरण : राधाकृष्ण स्टूडियो

मुद्रक
बी.के. ऑफसेट
नवीन शाहदरा, दिल्ली-110 032

HU TU TU
by Gulzar
Transcripted by Kamal Naseem

हू तू तू

'हू तू तू'—मेरे अपने ही एक अफ़साने से इंसपायर्ड मंज़रनामा है। लेकिन मंज़रनामा लिखते वक़्त मेरा मौजू कुछ और हो गया, वह अफ़साने से बिल्कुल हट गया।

हमारी आज़ादी के पचास साल पूरे हुए थे और मेरे ज़ेहन में ये बात घूम रही थी कि इन पचास सालों में मुल्क के सियासतदानों का चेहरा कैसे बदला है। हमने नेहरू, किदवई और मौलाना आज़ाद जैसे लीडरों का दौर देखा था। मासूम थे, और टीचर्स की तरह रहनुमाई करते थे।

पचास सालों में ताकत का नशा चढ़ते-चढ़ते इस मासूम टीचर का चेहरा कैसे तब्दील हुआ वह 'हू तू तू' की कहानी थी और उस जेनरेशन की जिन्हें 'करप्शन' विरासत में मिला। जो कड़वे ज़हर मिले धुएँ में घुट रहे हैं। जो बालिग़ हैं वो 'भाऊ' की तरह लड़ रहे हैं। जो नाबालिग़ हैं वो आदि और पन्ना की तरह जानें गँवा रहे हैं।

'हू तू तू' के साथ एक और नाइंसाफ़ी हुई कि टीचर की 'ग्रास रूट' ज़िन्दगी के मनाज़िर, प्रोड्यसर ने रिलीज़ से पहले ही काट दिए, क्योंकि उन्हें 'एक्शनवाले मनाज़िर' की जल्दी थी।

इसलिए ये मंज़रनामा शाया होना मेरे लिए और भी अहम है कि मनाज़िर इस किताब में महफ़ूज हो जाएँगे। इसके लिए मैं जनाब डॉ. हमीद उल्ला भट्ट साहब का मशकूर हूँ।

—गुलज़ार

मंज़र-1

गहरे कोहरे में एक आदमी बन्दूक लिये एक पेड़ के पास खड़ा, पहरे के अन्दाज़ में इधर-उधर देख रहा था कि एक दूसरा आदमी हाथों में बन्दूक थामे उसके पास आया और कहा–

"तुम चलो...मैं रहता हूँ, पहरे पर।"

"ठीक है...!"

"उससे पूछ लो...कुछ खाएगी कि नहीं...?"

"मैं देखता हूँ..."

इतना कहकर पहला आदमी वहाँ से चला गया। एक लम्बे बरामदे से गुज़रकर सामने एक कमरे में दाख़िल हुआ। कमरे में बिस्तर ख़ाली पड़ा था, वह आदमी दूसरे कमरे की तरफ़ बढ़ गया।

2

पहला आदमी एक बन्द कमरे को खोलकर अन्दर गया। अन्दर एक लड़की शलवार कमीज़ में, पैर पर पैर मारे बैठी थी। उसके दोनों हाथ और पैर बँधे थे। अपने बँधे हुए पैरों को अपनी तरफ़ खींचकर वह भरी हुई आँखों से उसे देखने लगी। उस आदमी ने भी लड़की को ग़ौर से देखा और पूछा–

"कुछ चाहिए...?"

लड़की ने 'न' में सिर हिला दिया।

''भूख नहीं लगी...?''

जवाब में लड़की ने पूछा–

''कुछ पता लगा...तुम्हारे आदमी का...?''

''पता लग जाएगा...घबराओ नहीं...उसके आते ही तुम्हें भेज देंगे।''

इतना कहकर वह आदमी वापस चला गया और लड़की चुपचाप आँखों में आँसू लिये ज़मीन को देखने लगी...उसे कुछ आवाज़ें सुनाई दीं। जहाँ वह बैठी थी उसके नीचे भी एक कमरा था। कुछ लोग बैठे टी.वी. पर न्यूज़ देख रहे थे। वहीं से आवाज़ आ रही थी। उस न्यूज़ में एक रिपोर्टर मालती देवी से, जो देश की बहुत बड़ी लीडर हैं, पूछ रहा था–

''आप की बेटी जो किडनैप की गई है, कुछ पता चला उसका...?''

मालती देवी ने कुछ सोचकर, बड़े सुलझे हुए ढंग से जवाब दिया–

''नहीं...अभी तक कुछ पता नहीं चला...कोशिश कर रहे हैं।''

रिपोर्टर ने दूसरा सवाल पूछा–

''सुना है...वो लोग अपने कुछ लोगों को छुड़ाना चाहते हैं। और उसके लिए आपसे...?''

''वो मेरे नहीं देश के मुजरिम हैं...''

''क्या आपको चिन्ता नहीं अपनी बेटी की...?''

''मेरी निजी चिन्ता इस देश की चिन्ता से बहुत छोटी है।''

यह सब उनकी बेटी जो आतंकवादियों की क़ैद में थी, सुन रही थी। उसका नाम पन्ना था। मालती देवी की आवाज़ आ रही थी–

''जनता ने जो विश्वास दिया है, जो आदर दिया है मुझे...उसके बाद क्या मैं यह कह सकती हूँ, मेरी एक ही बेटी है...''

पन्ना का चेहरा उतर गया। क्या वाकई माँ को उसकी चिन्ता नहीं है! अपने बचपन की वह घटना उसे याद थी जब उसकी माँ मालती देवी एक गाँव के स्कूल में टीचर थी और पन्ना उसी क्लास में पढ़ती थी।

3

गाँव की पाठशाला में टीचर बच्चों को गाना सीखा रही थी—

जय हिन्द, हिन्द
जय हिन्द, हिन्द

क़ैद में बैठी पन्ना के चेहरे पर बच्चों की आवाज़ आ रही थी—

जय हिन्द, हिन्द, जय हिन्द, हिन्द, जय हिन्द, हिन्द
गुरु मन्त्र मेरा, इतिहास मेरा
तहज़ीब मेरी, विश्वास मेरा
मेरी कर्मभूमि, मेरी जन्मभूमि
यह हिन्द है, हिन्दुस्तान मेरा...
जय हिन्द...

बचपन का वो मंज़र, एक बार फिर उसकी आँखों के सामने घूम गया। वो बच्चों के साथ कलास में बैठी थी।

यह देश घना बरगद है मेरा
बरगद की घनी छाँव के तले
मेरी फ़ाख़्ता दाना चुनती है
मेरे लोकगीत का तोता पले

मेरी कर्मभूमि, मेरी जन्मभूमि
यह हिन्द है, हिन्दुस्तान मेरा...
जय हिन्द...

प्राइमरी स्कूल में मालती देवी बच्चों को राष्ट्रीय गीत सिखा रही थीं। बच्चे साथ-साथ गा रहे थे क्लास रूम में।

''जय हिन्द, हिन्द
जय हिन्द, हिन्द।''

''गुरु मन्त्र मेरा, इतिहास मेरा
तहज़ीब मेरी, विश्वास मेरा।''

बच्चे साथ साथ गा रहे थे।

''जय हिन्द, हिन्द
जय हिन्द, हिन्द।''

स्कूल की प्रिंसीपल और साथ एक बड़ी सी पगड़ी पहने एक आदमी मालती देवी की क्लास में आए। बच्चे उन लोगों को देखकर खड़े हो गए। प्रिंसीपल ने मालती देवी से उस आदमी का परिचय करवाया और आने का मक़सद बताया। सर पे पल्लू रखते हुए मालती देवी ने स्वागत किया।

''नमस्ते।''

''नमस्ते...मालती देवी यह हमारी रूलिंग पार्टी के अध्यक्ष हैं। मिस्टर सावन्त राव !''

मालती देवी ने सावन्त राव को नमस्कार किया।

''नमस्कार...!''

''नमस्कार...!''

क्लास के बच्चे जो अभी तक खड़े थे, उनसे प्रिंसीपल ने बैठने के लिए कहा—

''तुम सब बैठ जाओ...''

सब बच्चे बैठ गए, लेकिन पन्ना खड़ी रही जो

मालती देवी की बेटी थी। प्रिंसीपल कुछ कहना ही चाहती थी कि पन्ना को खड़ा देखकर बोली–

''पन्ना, तुम भी बैठ जाओ...''

वह बैठ गई। प्रिंसीपल फिर मुख़ातिब हुई।

''इस इलाक़े में काम करनेवाली औरतों का...ये एक केन्द्र बनाना चाहते हैं जो इनकी पार्टी के लिए काम करे...तुम से अच्छा कैंडीडेट मेरी नज़र में नहीं आया।''

''पर मैं क्या जानूँ इन का काम...? राजनीति तो...''

तभी सावंत राव बोल पड़े–

''नहीं...नहीं...राजनीति वगैरह कुछ नहीं है... बाईजी...अब तक आप जो पढ़ा रही हैं, बस उसे करना है...आप आइए...आस-पास के गाँवों में... महिलाओं के साथ काम करना है। हर तरह की सहूलियतें हमारी पार्टी से मिल जाएँगी...बाईजी यह सोशलवर्क है, समाज और देश की सेवा का और मौक़ा कहाँ मिलेगा...? और बाईजी समाज-सेवाओं...समाज सेवा...''

सावंत राव की आवाज़ एक बार फिर, क़ैद में पड़ी पन्ना के चेहरे पर डूब गई।

4

मालती देवी का टी.वी. इंटरव्यू अभी तक चल रहा था।

''श्री अन्ना साहब सावंत राव, मेरे गुरु थे...पार्टी के लिए 'ग्रास रूट' से काम करना सिखाया मुझे...

अगर आज मैं चीफ़ मिनिस्टर हूँ...तो उन्हीं की कृपा से...उन्हीं का आशीर्वाद है...''

आख़िरी दो लाइनें जो मालती देवी ने कहीं वो पन्ना के चेहरे पर सुनाई दीं जो आतंकवादियों की क़ैद में थी।

मालती देवी के इस देश भक्ति के भाषण से पन्ना के चेहरे का रंग बदलता रहा।

5

पन्ना की आँखों में माज़ी का एक और मंज़र घूम गया। सावंत राव और मालती देवी दोनों गाँव-गाँव जाकर वहाँ की औरतों से मिलते थे। ''कामगार महिलाओं के केन्द्र बनाने के लिए अन्ना साहब—ने मुझे देश के पिछड़े इलाक़ों से परिचित कराया।''

गाँव की औरतों को मालती देवी समझा रही थीं—

''महिला मंडल बनाना ज़रूरी है।''

पास खड़ी जीप में मालती देवी बैठ गईं जिसे सावंत राव ख़ुद चला रहे थे...पिछली सीट पर पन्ना बैठी थी। तब वह दस-बारह बरस की थी...गाँव की औरतें नारे लगाने लगीं—

''मालती देवी की जय...मालती देवी ज़िन्दाबाद...''

चलते-चलते मालती देवी ने एक औरत से कहा—

''राधा बाई...वापस आकर काम देखूँगी...चलिए।''

मालती देवी जीप में बैठकर चली गईं।

6

मालती देवी के गाँव के घर के बाहर पार्टी की जीप खड़ी थी। मालती देवी के घर की नौकरानी मधु को समझा रही थीं–

"मधु...ठंडा पानी और बरफ़ निकाल के दे-दे साहब ला...!"

मालती देवी महाराष्ट्र की थीं और उनकी ज़बान से मराठी लफ़्ज़ ही निकलता था।

"पानी की बोतलें रख दूँ...?"

"एक काम कर...फ्रिज से पानी की बोतलें रखवा दे गाड़ी में।"

"और बरफ़...?"

"आइस बॉक्स है न...?"

"वह तो अन्ना पिछली बार लेकर गए थे। वापस नहीं लाए..."

मालती देवी के पति बर्वे की गाँव में गुड़ चक्की थी जहाँ वो गुड़ बनाते थे और तोहफ़े के तौर पर सावंत को देते थे शहर ले जाने के लिए।

"है घेउन जा बाडी ला-लागेल–??"

इस बीच मालती देवी बोल पड़ीं–

"स्कूल गेस्ट हाऊस के लिए एक फ्रिज पास करवा दीजिए...कई-कई दिन रहना पड़ता है तो...काम आएगा आपके...

बर्वे बोला–

"हाँ...बरफ़ तो आप ही के काम आएगी।"

"अरे हमें क्या पास करना है। बाई लिख के भेज देगी तो पास हो जाएगा। अब तो हमसे ज़्यादा चलती है इनकी।"

यह सुनकर सारे हँस पड़े। मालती देवी ने भी गर्दन को ख़म दिया।

7

रात का वक़्त था। बेटी पन्ना जब 10-12 बरस की थी। स्कूल की खपरैलवाली छत पर चढ़ गई और ऊपर से उस कमरे में देखने की कोशिश करने लगी जिसमें उसकी माँ मालती देवी, सावंत राव के साथ बैठकर काम करती थी। दोनों किसी बात पर हँस रहे थे।

पन्ना यह बरदाश्त नहीं कर पाई !...और पास पड़ा पत्थर फेंककर उस खिड़की पर दे मारा जो बन्द करके उसकी माँ और सावंत राव हँस रहे थे।

शीशा टूटते ही मालती देवी घबरा गई और खिड़की खोल दी। पीछे उसके सावंत राव भी आकर खड़ा हो गया और इधर-उधर देखने लगा। उसके हाथ में गिलास था शराब का। तभी बाहर स्कूल का चौकीदार नज़र आया, तो उससे पूछा—

"किसने पत्थर फेंका, देखा तुमने...?"

"नहीं..."

फिर मराठी ज़बान में उससे कहा—

"विचार करो *(तलाश करो)* किसने यह सब किया है..."

चौकीदार हाँ कहकर चला गया और सावंत और मालती देवी कमरे में मुड़ गए।

8

अपने कमरे में पन्ना चादर ओढ़े सो रही थी, जब मालती देवी गुस्से में भरी कमरे में आई

और उसके ऊपर से चादर उठाई।

''उठ...''

पन्ना मुँदी आँखों से माँ की तरफ़ देखने लगी।

''चल उठ...''

पन्ना चुपचाप उठकर बैठ गई।

''क्या करने गई थी स्कूल में...?''

''कब...! सुबह...?''

''अभी...रात के वक़्त...स्कूल के गेस्ट हाऊस में क्या देखने गई थी...?''

''कौन...? मैं...?''

''झूठ बोलती है !...जन्माची खोटी तो...''

और इतना कहकर गुस्से में मालती देवी ने पन्ना को एक चपत जमा दी।

''मेरी ही कोख से जनम लेना था तुझे...?''

तभी पन्ना के पिता आ गए और उसे बचाते हुए कहा—

''मालती क्यों मारा तुमने इस बेचारी को...इतनी रात यह क्यों जाएगी भला स्कूल में...''

''और ये चप्पलें...ख़ुद पहुँचीं वहाँ पे ? चपरासी ने खपरैल से उतारकर दी है। ख़ुद चल के गईं वहाँ ?''

मालती ने पन्ना की चप्पलें दिखाते हुए कहा।

पिता ने पन्ना से पूछा—

''हूँ...गई थी स्कूल में...?''

''मैं तो कहीं गई भी नहीं...आठ बजे से तो मैं सो रही थी...अकेले ही खाना खा के सो गई थी।''

''खोटा डिरी कुटली, सारी आदतें लफ़ंगों की हैं, बड़ी होकर क्या बनेगी, पता नहीं।''

''मालती...!''

"मुँह काला करेगी...अपना और ख़ानदान का भी...हलकट, नालायक, बेशर्म, निर्लज्ज..."

9

माँ ने जो गाली पन्ना को बचपन में दी थी वह गाली आज भी वैसी की वैसी याद थी उसे। पन्ना आतंकवादियों की क़ैद में बैठी सोच रही थी, वो सब...और .ख़ुद भी वैसी की वैसी दोहराती जा रही थी—

"हलकट, नालायक, बेशरम, निर्लज्ज..."

10

कमरे की ओट में पहरे पर बैठे आदमी ने दूर उड़ते हुए हेलिकॉप्टर को देखा जो उसकी तरफ़ आ रहा था। पहरे पे खड़ा आतंकवादी घबरा गया और अन्दर खंडहर की तरफ़ भाग गया। हैलीकॉप्टर शायद पुलिस का था।

11

दरवाज़े की ओट से एक पिल्ला जो काले रंग का था और माथे पर सफ़ेद चाँद के टीके जैसा दाग़ था, पन्ना की तरफ़ आना चाहता था। पन्ना के हाथ-पैर बँधे हुए थे इसलिए आवाज़ दी उसने...

''ब्लैकी...ब्लैकी...*(पिल्ला नीचे सीढ़ियों से उतरकर जाना चाहता था)*
ब्लैकी...ब्लैकी...''

तभी सीढ़ियों से कोई आतंकवादी तेज़ी से ऊपर आया और पन्ना के पैर की रस्सी खोलने लगा।

''चलो...यहाँ से शिफ़्ट करना होगा...''

''कहाँ...? क्यों...?''

पिल्ला बीच-बीच में पास आता था, आतंकवादी उसे डाँटकर भगा रहा था और पन्ना का हाथ पकड़कर कहने लगा–

''खड़ी हो जाओ...घूमो...''

तभी तेज़ी से दरवाज़ा खुला और दूसरा आतंकवादी अन्दर आ गया–

''चलो जल्दी...जल्दी निकलने को कहा है।''

पन्ना ने पूछा–

''किसने...?''

''चुप रहो...चलो...आओ चलो...''

वो लोग पन्ना को पकड़कर कमरे से बाहर ले गए।

12

पहाड़ी कच्चे रास्ते से होते हुए पन्ना का हाथ पकड़े हुए दोनों आतंकवादी चल रहे थे। पन्ना की आँखों पर काली पट्टी बँधी थी। पिल्ले की भौंकने की आवाज़ सुनकर पन्ना ने पूछा–

''ब्लैकी आ रहा है साथ ?...वह कुत्ता छोटा ?...''

आतंकवादी ने हाथ पकड़े हुए पन्ना को जवाब दिया–

''हाँ...आ रहा है...''

पहले आतंकवादी ने पिल्ले को मारकर भगा दिया। पन्ना ने पूछा।

''वहाँ तक जाएगा...? जहाँ हम जा रहे हैं ?''

''नहीं...वह दूर है।''

पिल्ले के चिल्लाने की आवाज़ सुनकर पूछा–

''क्या हुआ ब्लैकी को...?''

''कुछ नहीं...चुपचाप चलती रहो...''

दूर एक रेलगाड़ी पहाड़ियों के बीच से चली जा रही थी। उसकी आवाज़ गूँज रही थी।

13

पिल्ले की आवाज़ के साथ ही पन्ना फिर अपने बचपन में खो गई। बच्ची पन्ना एक काले पिल्ले को रस्सी से बाँधे हुए, घसीटते हुए अपने घर के पास ले आई थी। और देखा कि सावंत राव की जीप खड़ी है। सावंत राव मालती देवी के पति को समझा रहा था–

''बाई के लिए फ़िकर मत करना, हमारे साथ घर में ही रहेगी। मेरी बीवी-बच्चों के साथ...''

मालती देवी मराठी संस्कृति के कपड़ों में घर से बाहर आई थी, पीछे-पीछे मधु भी थी। उसकी गोद में पन्ना का छोटा भाई था। मधु घर की नौकरानी थी, जो घर की देखभाल करती थी, उसकी आँखों में आँसू थे। मालती देवी देखकर बोल पड़ी–

''उफ़...ये मधु भी एक चीज़ है। गाँव के बाहर पैर रखूँ तो, टपका शुरू हो जाता है...''

मधु ने आँसुओं को रोकते हुए मराठी में कहा–

"बाई तुम्ही लवकर या !"

मालती देवी घर से बाहर आ गई। सामने गली में गाँव के लोग जमा हो गए थे। उन लोगों ने प्रणाम किया। मालती देवी ने कहा–

"घबराओ नहीं, तुम लोगों के घरों में भी बिजली आ जाएगी। शहर से सब इन्तज़ाम करके आऊँगी। और इस बार अन्ना बोल देंगे तो ट्यूबवैल भी लग जाएगा। अपना स्कूल भी बड़ा हो जाएगा।"

मालती देवी ने यह सब कहते हुए सावंत की तरफ़ देखा जैसे उसकी हामी चाहती थी। सावंत जो पास में खड़ा था बोल पड़ा–

"हमारे बोलने की ज़रूरत नहीं, वह बाई के बोलने से ही हो जाएगा।"

सावंत राव और मालती देवी जीप में बैठकर शहर की तरफ़ चले गए। बर्वे जो बाहर तक छोड़ने आए थे...अपनी बेटी पन्ना को देखकर पूछा–

"तू मिली नहीं माँ को ?"

पिल्ले को देखकर, जो पन्ना ने उठा रखा था, पूछा–

"और यह क्या उठा लाई...?"

पन्ना ने मुस्कुरा के कुछ पूछना चाहा था अपने पिता से कि उसके पिता ने पहले पूछ लिया–

"नाम क्या है इसका ?"

"कुत्ता...!"

"अरे पगलैट...वह तो...वह है ही।"

पन्ना चुप हो गई...कुछ समझ नहीं पाई। बर्वे ने फिर पूछा–

"नाम क्या रखा है ?"

"सुरेन्द्र नाथ...!"

"धत्...कुत्ते का नाम ऐसा थोड़े ही होता है...छोटा सा कोई नाम दो...कालू...शालू...ब्लैकी।"

"ब्लैकी अच्छा है—ब्लैकी ! माँ कब तक आएगी अप्पा...?"

"यही...पाँच-छह रोज़ में आ जाएगी..."

पन्ना, पिता और पिल्ला घर के अन्दर चले गए।

14

गाँव की गुड़ चक्की पर, वो पाँच-छह रोज़ भी गुज़र गए। पन्ना के पिता बर्वे गुड़ बनाने में अपने मज़दूरों की मदद कर रहे थे, जब दूर एक सरकारी कार आकर रुकी, जिसमें से मालती देवी उतरीं अपने सामान के साथ...बर्वे दौड़कर अपनी पत्नी के पास गया।

"वाह, लालबत्ती की गाड़ी...सरकारी..."

मालती देवी ने सूटकेस निकाला। सूटकेस वज़नी लग रहा था। बर्वे बोला—

"तुम्हारी ट्रन्की भी शहरी बन गई है।"

मालती देवी जब गाँव से शहर जा रही थीं तो टीन का बक्सा लेकर गई थीं, पर आज जब लौटीं, तो वी.आई.पी. का सूटकेस था।

मालती देवी ने सरकारी गाड़ी को जाने के लिए कहा...पति-पत्नी गुड़ चक्की में आ गए, जहाँ एक चारपाई पर बैठकर मालती देवी जो सामान लाई थीं, अपने पति को दिखाने लगी।

"इतना सारा सामान, क्यों भेज दिया सावंत राव ने ?...और वह भी सबके लिए..."

बर्वे अपना गुड़ बनाने का काम करते-करते बात

कर रहा था।

" 'गुड़ी पड़वा' का दिन था...अपने घर के लिए ले रहे थे, हमारे लिए भी ले दिया...उनको क्या फ़र्क पड़ता है। बहुत पैसेवाले हैं।"

बर्वे अपना काम रोककर मालती देवी के पास आ गया।

"अच्छा...? क्या तनख़्वाह मिलती है उसे...?"

यह सुनकर मालती देवी हँस पड़ीं और कहने लगी—

"तनख़्वाह-वनख़्वाह कहाँ मिलती है वहाँ..."

"तो ?"

"तनख़्वाह पे भला चलता है वहाँ...?"

मालती देवी शहर से लाई चीज़ें देख रही थीं। एक घड़ी लाई थी जो अपने पति को दी।

"तुम्हारे लिए !...मुझ से कह रहे थे, पार्टी ऑफ़िस में लग जाओ...टीचरी में क्या रखा है भला, हेड मिस्ट्रेस भी बन गई तो क्या होगा...?"

"मतलब तुम शहर में रहोगी...और हम यहाँ..."

"यहाँ क्यों ? शहर चलेंगे...बच्चे बड़े स्कूल में चले जाएँगे...और पन्ना को कॉलेज भी तो जाना है।"

बर्वे ने मज़ाक में पूछा—

"मुझे किस कॉलेज में दाख़िल करोगी...?"

मालती हँसकर बोलीं—

"तुमको भी दाख़िल कर लेंगे...हाँ।"

"अच्छा...?"

"शहर में बहुत काम हैं...!"

"मतलब अपना बिज़नेस छोड़कर मैं शहर में नौकरी करूँ...?"

"पॉलिटिक्स नौकरी नहीं है...बिज़नेस है, बहुत बड़ा बिज़नेस !"

"अच्छा...? तुम तो अभी से बड़ी पॉलीटीशियनवाली बातें करने लगी हो...!"

मालती देवी यह सुनकर ज़ोर से हँसने लगी।

15

पन्ना की आँखों पर पट्टी बँधी थी। एक खंडहरनुमा घर में उसे लेकर आतंकवादी पहुँच गए। पन्ना की आँखों की पट्टी खोल दी गई। कमरे में अँधेरा था...पन्ना ने इधर-उधर देखने की कोशिश की। पन्ना के हाथ अभी तक बँधे थे। एक आतंकवादी बोला–

"ऊपर चलो..."

पन्ना धीरे-धीरे सीढ़ियाँ चढ़ने लगी। बँधे हुए हाथों से ऊपर कमरे में आ गई। कमरे में कोई सामान नहीं था। एक आदमी जिसके चेहरे पर दाढ़ी थी, वह खिड़की बन्द कर रहा था। पन्ना उसे अँधेरे में पहचानने की कोशिश करने लगी। वह आदमी पन्ना के क़रीब आ गया...दोनों एक-दूसरे को देखने लगे। फिर उस आदमी ने पूछा–

"पहचानती हो मुझे...?"

पन्ना पहचान गई थी। यह आदि था। आदि ने उसके हाथों के बन्धन को खोल दिया...पन्ना की आँखें आँसुओं से भर चुकी थीं...आदि जो उसका सब कुछ था...किसी हादसे में खो चुकी थी उसे...आज इस हाल में पाकर कुछ कहना चाहा...तभी आदि ने उसके हाथों को फिर से पीछे की तरफ़ करके बाँध दिया। पन्ना इस सलूक को समझ नहीं पाई।

"तुम यहाँ कैसे...?"

पन्ना ने कुछ सोचकर अब पूछ लिया। उसे या तो पता चल गया कि अब आदि भी एक आतंकवादी था।

"पर मैं यहाँ क्यों...इसकी वजह भी तुम हो क्या...?"

"ज़्यादा सवाल मत पूछो...वक़्त के साथ हर चीज़ का जवाब मिल जाएगा !"

"कितने वक़्त में...? कौन है जिसे छुड़ाने के लिए मुझे यहाँ लाया गया है...?"

"कहा न...अभी बता नहीं सकता...!"

"कब बताओगे...?"

"कल सुबह सूरज निकलने के बाद..."

"क्या होगा...तब...?"

"इतना मैं बता सकता हूँ...तुम पर कोई सख़्ती नहीं की जाएगी...बस...मार देंगे...!"

यह कहकर आदि जिस खिड़की को बन्द कर चुका था वह फिर से खुल गई थी, उसे बन्द करने चला गया। पन्ना उसको देखने लगी, आदि चलते वक़्त लँगड़ा के चल रहा था। और चलते हुए पैरों से स्टील की आवाज़ निकल रही थी। पन्ना ने कुछ सोचकर पूछा–

"मेरी माँ का सिविक रिसेप्शन है कल, मैं जानती हूँ..."

"तो फिर काफ़ी जानती हो !"

"मुझसे क्या सम्बन्ध है, जलसे का...?"

"तुम्हें उस जलसे में पहुँचाना होगा..."

"ज़िन्दा...या ?"

"ज़िन्दा...अगर हमारा आदमी वापस आ गया...न आया तो...तुम्हारी लाश जाएगी।"

"जिनसे बदला लेना चाहते हो, वो तो..."

"बदला नहीं...'अदला बदला', हमारे आदमी को छोड़ दें...हमें तुम्हें छोड़ देंगे..."

"कौन है वह...आदमी तुम्हारा...?"

"चुपचाप बैठ जाओ वहाँ...ज़्यादा सवाल मत पूछो...वरना मुँह सी दिया जाएगा तुम्हारा..."

यह सुनकर पन्ना वहीं दीवार का सहारा लेकर बैठ गई। आदि ने एक गिलास में पानी लाकर पन्ना को अपने हाथों से पिलाया...और उसके पैरों की रस्सी को ठीक से बाँधने के लिए उसके पैरों को पकड़ा, वह पैरों को हटाने लगी।

"घबराओ मत...तुम्हारे पैर नहीं छू रहा हूँ। बाँध रहा हूँ..."

"थोड़ी देर खुले नहीं छोड़ सकते...?"

"हुक्म नहीं..."

"किसका...?"

"गुरु का..."

"मैं थोड़ी देर चलना चाहती हूँ...."

आदि कुछ बोला नहीं...पन्ना गुस्से में झुँझलाहट से चिल्ला पड़ी—

"O.K. I am not going to run away. तीन दिन से मुझे घसीटा जा रहा है, इधर-से-उधर, उधर-से-इधर, यहाँ-से-वहाँ, वहाँ-से-यहाँ, Why ? क्या किया है मैंने...? I am not a criminal. Why are you treating me like a criminal ?..."

इतना सुनते ही गुस्से से आदि ने हाथ उठा लिया मारने के लिए—

"Shut up now...It is not a runway. यहाँ कोई runway नहीं है तुम्हारे टहलने के लिए..."

यह सुनकर पन्ना चुप हो गई और आदि ने भी

अपना मुँह दूसरी तरफ़ कर लिया था क्योंकि पहली बार आदि पन्ना से एक runway पर ही मिला था। दोनों को यक्दम वही मंज़र याद आ गया।

16

पन्ना पैंट और टी शर्ट में runway पर टहल रही थी कानों में Walkman लगाए हुए...एक छोटा सा प्लेन लैंडिंग करता हुआ पन्ना के क़रीब आकर रुक गया। पन्ना के बाल लड़कों की तरह कटे हुए थे। प्लेन आदि चला रहा था।

आदि पन्ना से बात करना चाहता था। पन्ना walkman सुन रही थी...इसलिए उसे प्लेन के उतरने की आवाज़ नहीं सुनाई दी थी। आदि ने प्लेन के दरवाज़े को खोलकर पन्ना से Hi कहा—

"हाय.. I am sorry..इस प्लेन में हॉर्न नहीं है...!"

पन्ना ने अपने कानों से Headphone निकाल लिया। छोटे प्लेन का पंखा चल रहा था जिसकी आवाज़ में पन्ना सुन नहीं पाई कि आदि ने उससे क्या कहा।

"क्या...?"

"I Said इस प्लेन में हॉर्न नहीं है...."

"I know.न"

"by the way...I am आदित्य..."

पन्ना चलकर आदि के हवाई जहाज़ के पास आई और पूछा—

"क्या...?"

"I Said my name is Aditya...You can call me आदि..."

"I am...पन्ना।"

"Hi...You like a spin...ऊपर चलेंगी...?"

"कहाँ...?"

"Mars...Mars पे चलेंगे..."

हँसकर

"इस प्लेन में...?"

"Of Course. It can fly really high...चलो..."

पन्ना तैयार हो गई।

"O.K."

पन्ना प्लेन में बैठने लगी।

"This way....कार नहीं प्लेन है...Come on."

पन्ना प्लेन में बैठ गई...आदि ने उसकी बेल्ट को बाँधा...और उड़ान भरने से पहले आदि कंट्रोल रूम से बात करने लगा। प्लेन फिर रनवे पे दौड़ पड़ा और धीरे-धीरे आसमान की ऊँचाई पकड़ता गया।

17

आदि प्लेन को उड़ा रहा था और पन्ना नीचे ज़मीन को देख रही थी...आदि ने ख़ामोशी को तोड़ते हुए पूछा—

"यहाँ क्या कर रही थीं, runway पर ? उड़ने की कोशिश कर रही थीं ? Trying to take off without wings ?"

पन्ना हँस पड़ी। फिर कहने लगी—

"वो नीचे एक मीटिंग चल रही है...देख रहे हो..."

आदि ने नीचे देखकर कहा–

"अरे वो...कोई लोक-परलोक या क्या..."

"लोकतन्त्र पार्टी।"

"हाँ...वही...मेरे हैंगर के सामने चल रही है। मैं तीन बार नीचे जा चुका हूँ और वह बुढ़िया बोले ही जा रही है...एक घंटे से..."

"उस बुढ़िया का नाम मालती देवी बर्वे है...यहाँ की M.L.A. है, और मेरी माँ है।"

आदि यह सुनकर सटपटा गया।

"Oh..."

"और उसके साथ जो बड़े से पग्गड़ में हैं वो L.T.P. के...Junral Secretary हैं–मिस्टर सावंत राव।"

"तुम पॉलिटिक्स में हो...?"

"नहीं–पुलिस में..."

"क्या...? पुलिस में आजकल यह ड्रेस पहनते हैं !"

पन्ना पतलून और टी शर्ट में थी। दोनों हँस पड़े।

"पुलिस एकेडेमी में हूँ...ट्रेनिंग में हूँ..."

"पुलिस में क्यों...?"

"माँ चाहती थी मैं I.A.S. में जाऊँ, मुझे ब्यूरोक्रेसी अच्छी नहीं लगती...और तुम...?"

आदि चुप रहा, तो पन्ना ने फिर पूछा–

"पायलट बनना है ?"

"ऊँ...हूँ..."

आदि ने प्लेन को बहुत तेज़ी से टर्न किया और कलाबाज़ी खा गया...पन्ना घबरा गई...जैसे प्लेन के साथ वह भी गिरने लगी थी। आदि ने प्लेन को फिर से ऊपर उठा लिया। पन्ना ने घबरा के पूछा।

"क्या हुआ...?"

“*(हँसकर)* बस इसलिए Flying करता हूँ...”
“यह जानकर किया था...तुमने...?”
“आसमान में कबूतरों को देखता था...कलाबाज़ी खाते। सोचा, सीख के देखूँ...”

आदि ने फिर प्लेन को nosedive किया...पन्ना ने घबरा के कहा–

“क्या कर रहे हो...? मुझे उतार दो...”

आदि ने हँसते हुए कहा–

“उड़ जाओ...बेल आऊट...खिड़की खोलो, बादल पे पाँव रखो और बरसती हुई नीचे पहुँच जाओ।”
“मुझे कविता का शौक़ नहीं है।”
“वही देख रहा हूँ...वरना अब तक तो बौछार की तरह बरस गई होतीं...नहीं तो तुम प्लेन सँभालो मैं बरस के दिखाऊँ...”
“I don't like your humour.”
“अरे अगर नीचे जाएँगे तो तुम अकेले थोड़े ही...मैं भी तो साथ हूँ...”
“क्या ज़रूरत है...”
“बादलों में उड़ना अच्छा नहीं लगता तुम्हें?”
“बहुत अच्छा लगता है...अब नीचे चलें...?”

आदि ने प्लेन को टर्न किया लैंडिंग के लिए, पन्ना ने पूछा–

“यह प्लेन किसका है ?”
“मेरे फ़ादर का...क्लब का। पी.सी. पटेल।”
“ओह...”
“तुम जानती हो उन्हें...?”
“मेरी माँ जानती हैं।”
“अच्छा...तुम मालती बाई की बेटी हो...?”
“बताया तो था...”
“तुमने तो...बर्वे या क्या...गुड गुड...हम दो हमारे

दो...माँ बाप...!"

प्लेन नीचे उतरने लगा।

18

मालती देवी अपने बँगले से बाहर निकल रही थीं। पीछे-पीछे दीवान आ रहा था और वो कुछ कहना चाहता था। सामने एक-दो गाड़ियाँ खड़ी थीं। मालती देवी ने दीवान से पूछा—

"तुमने गाँव के मकान का क्या किया...?"

"बन्द कर दिया है, चौकीदार रखवा दिया है, बाढ़ के बाद से बर्वे साहब का आना-जाना भी तो कम हो गया।"

"हूँ..."

'हूँ' कहकर वो सीढ़ियों से उतरते-उतरते अपनी कार की तरफ़ आ गई थीं। उनका बेटा आया जो पन्ना से छोटा था और माँ से कहा—

"माँ...मैं शाम को मिलूँगा, साइट पर जा रहा हूँ..."

"क्या प्रोग्रेस है...?"

"प्रोग्रेस बहुत बढ़िया है, दो महीने में स्ट्रक्चर तैयार।"

"नाश्ता किया...?"

"नाश्ता किया...दूध पिया..."

"ख़ुश नज़र आते हो..."

यह कहकर मालती देवी ने उसे गले से लगा लिया।

"Bye mom."

"Bye..."

मालती देवी अपनी कार में बैठ गई। बेटा अपनी कार में बैठा। माँ भी चली गई और बेटा भी। रह जाते हैं बँगले में हथियारबन्द चौकीदार। तभी पन्ना पैंट-शर्ट में गले में बड़ा सा बैग लटकाए घर के अन्दर से निकली और बॉडीगार्ड को इशारे से पास बुलाया। बॉडीगार्ड उसके क़रीब पहुँचा तो उसको इस बात का अन्दाज़ा नहीं था कि कराटे की स्टाइल में फ्रंट किक मारेगी और उसकी स्टेनगन छीन लेगी।

"क्या करती हो...?"

पन्ना ने स्टेनगन पकड़े हुए पूछा–

"क्यों उसकी दुम में घुसा रहता है बन्दूक उठा के साले भैन चो..."

"अरे लड़की...कैसी ज़बान बोलती है तू..."

"क्यों...तू नहीं बोलता...मैंने सुना है तुझे।"

"तू लड़की है।"

"तो...मर्द हरामज़ादे क्या...लायसेंस लेकर आए हैं गाली देने का..."

"वो...!"

"हाँ...!"

इतना सुनकर बॉडीगार्ड वहाँ से चला गया और पन्ना वहीं खड़ी उसको देखती रही और पास खड़ी जीप के पास गई। उसमें अपना बैग रखा और ड्राइवर से चाबी माँगी।

"चाबी दे..."

"यह गाड़ी तो दीवान साहब के लिए आई है बीबीजी..."

"अबे बीबी के...चाबी दे...दीवान से कहना कि पार्टी ऑफ़िस से दूसरी जीप मँगा ले, मुझे एकेडेमी

वापस जाना है।''

''और यह गाड़ी...?''

''बैठ जा। एयरपोर्ट से ले लेना...चल...''

जाते-जाते लड़कों की तरह पन्ना ने उसको पीछे से एक लात मारी और इशारे से कहा कि ड्राइविंग सीट पर मैं बैठूँगी, तू बगल में बैठ। ड्राइवर जाकर दूसरी तरफ़ बैठ गया। पन्ना ने गाड़ी स्टॉर्ट की और चली गई।

19

एकेडेमी में पन्ना और लड़कियों के साथ पी.टी. कर रही थी। आसमान से एक छोटा वाला प्लेन बिल्कुल नीचे से उड़ान मारता हुआ चला गया। पन्ना खड़ी होकर उस प्लेन को देखने लगी। पी.टी. टीचर ने पूछा।

''कौन है यह हवाई जहाज़वाला...?''

''पता नहीं कौन है हरामज़ादा। साला रोज-रोज़ चला आता है।''

''चुप...गाली मत दो...''

''सर आप भी तो देते हैं अपने अर्दली को...ऑफ़िस में।''

''ठीक है...ठीक है...''

पन्ना ने कुछ सोचा। फिर से पूछा—

''सर...ये सब गालियाँ माँ बहन की ही क्यों होती हैं ? बाप, भाई की नहीं होतीं ? ये सब औरत के लिए क्यों हैं ? मर्द साले भैन चो...''

''शट अप...!!!''

टीचर डॉटकर झेंपा हुआ चला गया। पन्ना वहीं

मुस्कुराते हुए उसको देखती रही।

20

एकेडेमी में आई सभी लड़कियों को हर तरह की ट्रेनिंग दी जाती थी। इनमें कराटे भी उनको सिखाना पड़ता था। पन्ना कराटे की क्लास में बैठी कराटे देख रही थी। टीचर सब लड़कियों को सिखा रहा था और सिखाते हुए एक जवान लड़की से गन्दी हरकत कर रहा था। पन्ना ने देखा तो गुस्सा आ गया। वह लड़की जब पन्ना के पास आकर बैठी तो पन्ना ने उससे कहा–

"तू क्या साली पुलिस मैन बनेगी !...जमाना था दो चार साले को..."

तभी टीचर ने पन्ना को बुलाया–

"पन्ना बर्वे..."

पन्ना उठी। उसके मुँह में Chewing gum था जिसे वह चबा रही थी।

"Chewing gum मुँह से निकाल कर आइए..."

पन्ना Chewing gum निकालकर टीचर के पास पहुँच गई। फ्रंट किक उसको जमा दिया और टीचर कराह कर रह गया। फिर टीचर ने गुस्से से उसकी गर्दन पकड़कर ज़मीन पर गिरा दिया। पन्ना को गर्दन पर कस के लग गई। वह वहीं कराह कर गिर पड़ी।

21

वही छोटा प्लेन। उसमें आदि और पन्ना बैठे थे। प्लेन हवा में उड़ रहा था। पन्ना की गर्दन में पट्टा बँधा हुआ था। आदि उसको हल्का सा धक्का लगाकर छेड़ रहा था।

''तुझे पंगा लेने की क्या ज़रूरत थी...?''

''वह ज्योति बहुत सीधी लड़की है आदि...''

''इतनी सीधी लड़की है तो पुलिस में क्या करने आई है ?''

''उसका दिमाग़ सटक गया है। मैं भी तो उसको वही बोल रही हूँ...लेकिन मैं उस साले जोगलेकर को निकालकर रहूँगी।''

''अच्छा...? माँ से कह के...?''

बात को समझकर दोनों हँस पड़े।

''क्या हुआ....''

''*(गर्दन पे हाथ रख के)* नीचे उतारो आदि बहुत दुःख रहा है।''

आदि ने नीचे देखकर कहा–

''नीचे तो हाईवे है...उतार दूँ...?''

''उतार दो तो मान जाऊँ।''

''Sure...?''

''Sure...sure !''

''You are aksing for trouble Panna.''

''Yeaha...Yeaha..sure.''

''Here we go..yeaha...?''

आदि धीरे-धीरे प्लेन को नीचे उतारने लगा। पन्ना घबरा गई। नीचे सड़कें बहुत क़रीब नज़र आने लगीं। पन्ना को डर लगने लगा। बीच-बीच में बोल पड़ी–

''आदि...आदि सँभाल के...पेड़ बचा के।''

''डरती क्यों हो?...बोला था न, उतार दो...''

प्लेन सड़क से बहुत क़रीब आ चुका था। यह महसूस होने लगा कि प्लेन अब नीचे उतर ही जाएगा। सड़क पर ट्रक जा रहा था। पन्ना चिल्ला पड़ी—

''आदि, ट्रक...ट्रक...''

''हाँ....हाँ...''

आदि ने प्लेन बिल्कुल सड़क पर उतार ही दिया था कि तभी कई गाड़ियाँ पीछे आती नज़र आईं। आदि ने प्लेन को फिर से ऊपर उठा लिया। फिर जब नीचे उतारने लगा तभी सड़क पर ढेर सारी बकरियाँ आ गईं। पन्ना घबरा गई और चिल्ला पड़ी—

''आदि बकरियाँ...''

आदि ने उतरते-उतरते फिर से प्लेन को उठा लिया। और प्लेन फिर हवा में काफ़ी ऊँचाई पर एक कबूतर की तरह उड़ गया। चारों तरफ़ खुला आसमान और हवा के साथ खेलता आदि का प्लेन।

22

समन्दर का किनारा...दूर उनका प्लेन खड़ा था। और दोनों गुनगुना रहे थे— लगता था आदी ने प्लेन साहिल पर उतार दिया होगा।

छई छप छई, छपाक छई
पानियों में छींटे उड़ाती हुई लड़की
आती हुई लहरों पे, जाती हुई लड़की

छई छप छई, छपाक छई
रेत पे ये पैरों की मोहरें न छोड़ना
सारा दिन लेटे-लेटे सोचेगा समन्दर
आते-जाते लोगों से पूछेगा समन्दर
देखी किसी ने ? आती हुई लहरों पे जाती हुई लड़की
छई छप छई, छपाक छई...

23

आदि के पिता मि. पटेल जो एक बहुत बड़े व्यापारी थे, अपने घर में आदि को अख़बार पढ़ते देखकर बोल पड़े—

"पहली बार तुम्हें पेपर पढ़ते हुए देख रहा हूँ। तुमने तो कभी अपना रिज़ल्ट देखने के लिए भी अख़बार नहीं खोला।"

"आपकी मिल स्ट्राइक का रिज़ल्ट पढ़ रहा था। चालीस दिन हो चुके हैं।"

"हूँ..."

"पापा...ये बस्तियाँ जो कल ख़ाली कराई गई हैं... ख़ाली हुई हैं—परमा मिल्ज़ के पीछेवाली लैंड से—"

"वो हमारी ज़मीन थी..."

"जी...पापा, सिर्फ़ इतना कह रहा था...जिस तरह वो बस्तियाँ जलाई...जल गईं, वह ठीक नहीं था।"

"हूँ...तो...?"

"पापा...पापा वो लोग हैं न...!"

आदि खड़ा होकर पापा के पास गया, जो नाश्ता कर रहे थे। आदि के हाथ में वह अख़बार था जिसे वह पढ़ रहा था।

"जो लोग आपके लिए काम करते हैं, पापा, उनके

कई चेहरे हैं। आप समझते हैं आप उनको कंट्रोल कर रहे हैं। लेकिन आगे चलकर देखेंगे, वो लोग आपको Control कर रहे होंगे। पापा उन लोगों ने आपको चारों तरफ़ से घेर लिया है...''

पापा पटेल नाश्ता छोड़कर बहुत ध्यान से आदि की बातें सुनने लग गए।

''पापा वो लोग हैं ना...!''

अचानक पटेल ने आदि के हाथ से वह अख़बार ले लिया और गुस्से से बोल उठे–

''Don't teach me my business.''

और गुस्से से वह अख़बार छीन लिया। आदि चुप हो गया।

''जी...पापा...जी...''

और आदि दूर जाकर खिड़की के पास खड़ा हो गया जहाँ से समन्दर का फैलाव नज़र आ रहा था। पटेल ने जूस का गिलास उठा लिया और कहने लगे–

''सुना है कि तुम इस बस्ती की तरफ़ गए थे...?''

आदि ने पिता की तरफ़ देखा।

''जी हाँ...वही...अपने स्कूल टीचर से मिलने गया था...मास्टर जोशी...पापा बहुत बुरा हाल है उनका। मैंने पैसे देने चाहे उन्हें, लिये नहीं, आप तो जानते हैं उन्हें!''

''हाँ जानता हूँ... He is a bloody tool...पचास मरतबा कहा, तुम्हें किसी और जगह लगा देता हूँ। But he doesn't betray his bloody Union. अपने बाप की Union चला रहा है। वही उसका भी हश्र होगा जो उसके बाप का हुआ था।''

''पापा, क्या वो...सचमुच उन लोगों को छोड़ दें ? अपने ही लोगों को...''

"तुम समझा सकते हो उसे ? उससे कहो कि भूख और बेकारी से बीमारी फैलती है, इंकलाब नहीं आते...!"

"जी पापा..."

"तुम उससे बहुत attached हो, मैं जानता हूँ...और वो भी...उसकी पत्नी ने तुम्हें बहुत दिनों तक पाला है इसलिए मैंने उससे...कभी कुछ नहीं कहा।"

"जी..."

"वरना ऐसे ज़िद्दी लोगों का इलाज है मेरे पास।"

"जी...पापा..."

पटेल जब बाहर जाने लगा तो उसकी नज़र पास रखे Revolver पर पड़ी। वो उसे उठाकर देखने लगे...घबरा के आदि बोल पड़ा—

"पापा...यह..."

"यह क्या...?"

"पिस्टल पापा...!"

"इसे क्यों रखते हो...? किसका है...?"

"आपका है...!"

"पर तुम क्यों रखते हो...?"

"मैं रखता नहीं...देख रहा था...रख लूँ पापा...?"

कुछ सोचकर पटेल ने पूछा—

"क्या करोगे...?"

"बस...ऐसे ही...अपनी Security के लिए..."

"तुम्हें क्या ख़तरा है...?"

"कोई...कोई किडनैप ही कर ले तो...? आप को ख़तरा हो सकता है..."

"तुम जैसी लॉयबलिटी को कोई नहीं लेकर जाएगा।"

पटेल गुस्से से दूसरी तरफ़ निकल गए...आदि पिता के पास आया और कहा—

"पापा...पापा मास्टरजी बहुत ही ईमानदार आदमी हैं। पापा कोई अगर अपने ही आदमी के साथ ग़द्दारी करे तो क्या वो लोग..."

यह सुनकर पटेल फिर गुस्से में आ गए।

"You aks too many questions, इस जेनरेशन (Generation) के पास सवाल बहुत हैं।"

इतना कहकर पटेल वहाँ से चले गए और आदि थोड़ा सा आगे बढ़कर अपने आपसे कहने लगा–

"...जवाब भी तो नहीं मिलते...!"

और वहाँ से चला गया।

24

किसी मिल के पिछवाड़े का हिस्सा जहाँ ग़रीबों की बस्ती है और पास ही में मिल की ज़मीन नज़र आ रही है। गली में नंगे ग़रीब बच्चे खेल रहे हैं। पतली सी गली, जिसमें चलना मुश्किल है, उसी गली में एक आदमी धोती-कुरता पहने हाथ में एक लम्बी सी लाठी लिये जा रहा है। एक बच्चा जितना बड़ा था उतनी ही बड़ी बाल्टी उठाकर ले जा रहा था। उस आदमी को सभी भाऊ कहते थे, मतलब भाई, भइया। उस बच्चे के हाथ से बाल्टी लेते हुए भाऊ बोला–

"तू बाल्टी उठा रहा है कि बाल्टी तेरे को उठा रही है, ला इंधर..."

और बाल्टी उठाकर उस बच्चे के घर तक ले गया। दूसरी गली से आदि और पन्ना निकलते हुए नज़र आए। आदि रास्ता बता रहा था–

"वह...वह...ए लेडी, कहाँ जा रही हो ? This way !

और अपने साथ दूसरी तरफ़ ले गया। आदि पन्ना को दूसरी गली में लेकर आया। रास्ते में बैठी हुई औरत को हटाते हुए कहता है–

"माँजी..."

पन्ना को इशारे से बताया–

"बस...वो वहाँ..."

25

एक बूढ़ा सा आदमी अपनी मेज़ और कुर्सी पर कुछ काम कर रहा है। टेबल पर किताबें, फ़ाइल, औज़ार पड़े हैं। जब सामने के दरवाज़े से आदि और पन्ना घर में दाख़िल हुए...आदि ने मास्टरजी के पैर छुए।

"पाय लागूँ मास्टरजी।"

पास में आकर पन्ना भी खड़ी हो गई। मास्टरजी अपने पुराने चश्मे से उसको पहचान कर बोले–

"ओह...आदित्य...? आओ...आओ..."

पन्ना ने हाथ जोड़कर मास्टरजी को नमस्कार किया। और आदि ने परिचय कराया–

"यह पन्ना है...दोस्त है मेरी..."

"...ओह...तुम्हारी जेनरेशन की यह बात तो बहुत अच्छी लगती है। लड़के-लड़कियाँ दोस्त कामरेड की तरह मिलते हैं...!"

आदि और पन्ना पास रखी कुर्सियों पर बैठ गए।

"अपने ज़माने की बात ही छोड़ो...चैप्टर ही क्लोज़ हो गया..."

''आपके ज़माने में कैसे हुआ करता था मास्टरजी?''

मास्टर हँसते हुए कहने लगे–

''मेरी मौसी की बहन की सहेली टमाटर ख़रीदते वक़्त मिली, लेकर आ गया...''

हँसी की एक बौछार बिखर गई। पन्ना ने दीवार पर लगी लेनिन की तस्वीर को देखकर पूछा–

''सर आप कम्युनिस्ट हैं...?''

''क्यों...लेनिन और मार्क्स की तस्वीरें देखकर पूछा ?...हूँ...मैं उन्हें अपने ज़माने का बहुत बड़ा इंक़लाबी thinker समझता हूँ।''

पन्ना नेताजी की फ़ोटो देखकर बोली–

''और नेताजी...?''

''मैं बहुत बड़ा नेता मानता हूँ...आज़ादी उनकी अदा से मिलती तो तुम कुछ और होते, मैं कुछ और होता...और अपना देश भी कुछ और होता...''

आदि ने जेब से कुछ निकालकर मास्टरजी को दिया।

''ये रहा मास्टरजी...आपका नया चश्मा...''

मास्टरजी ने पुराना चश्मा उतारकर नया चश्मा लगा लिया। नया चश्मा लगाकर मास्टरजी पन्ना को देखने लगे।

''अरे...इससे यह लड़की और भी खूबसूरत लगती है।''

आदि ने पूछा।

''और मैं मास्टरजी...?''

''ऊँह...वही के वही, नौ साल के बच्चे लगते हो।''

पन्ना ने मज़ाक़न सिफ़ारिश की।

''अब तो इसे बड़ा कर दीजिए मास्टरजी।''

''क्यों...? तुम्हें शादी करनी है इससे ?''

सभी हँस पड़े। तभी बाहर से एक जवान लड़का

आया जो इसी बस्ती में रहता था।

''सर...भाऊ आया है सर, बस्ती में...''

''फिर से आ गया...उसको चस्का लग गया है यहाँ का...बस्तीवालों ने बहुत सर पर चढ़ा रखा है।''

''हड़ताल है न सर, लोगों के मनोरंजन के लिए आ जाता है...''

''हड़ताल मनोरंजन का समय होता है क्या ?''

''नहीं सर...उत्साह बढ़ा देता है, बड़े इंक़लाबी गाने गाता है।''

''गानों से इंकलाब आता बेटा...तो पचास साल पहले आ जाता।''

26

बस्ती में लोगों की भीड़ थी...भाऊ अपने हाथों में लाठी लिये लोगों को समझा रहा था—

''बड़ी अजीब चीज़ है यह सियासतदाँ...खुद से चला नहीं जाता, देश को चला रहे हैं।''

यह सुनकर बस्ती के लोग हँस पड़े। खड़े होते-होते फिर से कहा—

''अरे रिटायर हो जाओ भाई...सभी हो जाते हैं, टीचर भी...अरे मास्टर...''

मास्टर जोशी, पन्ना और आदि वहीं आ रहे थे...पास रखी चारपाई पर आकर बैठ गए।

भाऊ ने मास्टरजी के पैर छुए।

''प्रणाम...मैं कह रहा था...सभी रिटायर हो जाते हैं...आप हो गए...वकील, क्लर्क भी हो जाते हैं, मैनेजर भी होते हैं, दुकानदार भी हो जाते हैं, Industrialist भी, जब उनकी अगली जेनरेशन

तैयार हो जाती है...!"

खड़ा हो गया भाऊ।

"सिर्फ़ पॉलिटीशियन रिटायर नहीं होते जब तक वो मरते नहीं या मार नहीं दिए जाते।"

यह कहकर ज़ोर से हँस पड़ा। कुछ लड़कों की टोली खड़ी थी, वह बोल पड़ी–

"घपला है भई..."

एक आदमी आगे आया और भाऊ से पूछा–

"कैम भाई...तबीअत पानी कैम छे..."

"कैम छे मत बोलो भाई...स्कैम (Scam) छे बोलो, स्कैम छे...हर बात में स्कैम...हर बात में घपला... कलयुग आएगा तो लिखा है..."

मास्टर जी ने कहा।

"नहीं लिखा तो लिख दो..."

"पूजा में भी कम-से-कम एक आँख तो खुली रखो।"

फिर सभी हँस पड़े। तभी भाऊ की मंडली आ गई जो गा-गाकर वो सब बातें कह जाती थी जो बहुत लोग कह नहीं पाते।

"घपला है भई घपला है, घपला है भई–"

भाऊ ने गा के सियासत की धड़-पकड़ सुनाई। उसके साथी उसका साथ दे रहे थे।

"घपला है–घपला है जी घपला है
छोड़ गजपति, पकड़ पूँछ का घपला है
साधु-सन्त की दाढ़ी मूँछ का घपला है।

घपला है, घपला है, जी घपला है

आटे में घपला, बाटे में घपला
रेल में घपला, तेल में घपला

एल.आई.सी. में, बैंक में घपला
जीप में घपला, टैंक में घपला

फ़ौजों के बूटों से लेकर बन्दूकों में घपला है
तीन करोड़ के नोट भरे इन सन्दूकों में घपला है

काले में घपला, हवाले में घपला है जी''

सबने मिल कर दोहराया।

''जी रे जी रे जी...

हाँ...दुकानें बेचीं तो बिक गए साथ गवर्नर
गाय-भैंस का चारा खाएगा यार मिनिस्टर
अदल-बदल, दल बदल, बदलकर लड़ते हैं
अरे हाथ कहीं और पाँव कहीं पर पड़ते हैं
हू तू तू तू...हू तू तू तू...
घपला है भई, घपला है भई, घपला है''

अचानक भाऊ ने अलाप दिया।

''तिन-तिन तारे, तिन-तिन तारे
लोग बेचारे तिन-तिन तारे
तिन-तिन तारे लोग बेचारे
घिसते-घिसते फट जाते हैं
जूतों जैसे लोग बेचारे''

अचानक मास्टरजी उठकर चल दिए। आदि और पन्ना बैठे रहे। दोनों की आँखें भीग गई थीं।

पैरों में पहने जाते हैं, जलसे और जलूसों में
संगीनों से सिले सिपाही, वर्दी के मलबूसों में
गोली से जो फट जाते हैं
चीथड़ों जैसे फेंक दिए जाते हैं सारे''

सब ने मिलकर साथ दिया।

"तिन तिन तारे
तिन तिन तारे लोग बेचारे
तिन तिन तारे।"

27

समन्दर के किनारे पन्ना और आदि बैठे थे। दोनों के बीच ख़ामोशी थी और उस ख़ामोशी के बीच लहरों की आवाज़ सुनाई दे रही थी।

"भाऊ ने तो आज उदास कर दिया यार...!"

पन्ना ने सिर हिलाकर कहा–

"हूँ..."

"उसे सुनकर...हर तरफ़, हर बात में Corruption ही Corruption नज़र आता है। जहाँ छुएँ हाथ में लग जाता है।"

आदि उठकर बेचैनी से टहलने लगा। पन्ना बैठी रही और अपने हाथों को देखकर कहने लगी–

"मुझे तो अपने ख़ून में घुलता हुआ दिखाई देता है।"

आदि ने उसकी बात सुनकर जवाब दिया–

"मैंने आते हुए भी देखा है...उसे, उसके पैरों की आवाज़ सुनी है मैंने, आते-जाते, सीढ़ियाँ चढ़ते... कड़वे धुएँ की तरह घूमता है मेरे घर में।"

पन्ना ने एक ठंडी साँस ली और कहा–

"मेरे घर में पग्गड़ बाँधकर आता है।"

दोनों हँस पड़े। आदि उसके पास आकर फिर बैठ गया।

"सावंत राव...! है ना ?"

"हरामज़ादा..."

"गाली मत दिया कर।"

"क्यों...?"

"तेरे मुँह से अच्छी नहीं लगती।"

"किस्स (kiss) करता है तो बास आती है क्या ?"

आदि सिगरेट निकालकर उसमें चरस भरने लगा। साथ-साथ बात भी कर रहा था।

"हाँ...।"

"तो तू यह सिगरेट छोड़ दे..."

"एकेडेमी पास कर ले...Red handed पकड़ के अन्दर कर देना, छूट जाएगी...अच्छा एक बात बता।"

"हाँ..."

"यह सिगरेट पहले आई...या Corruption ?"

"सिगरेट पहले आई।"

"कैसे...?"

"सुन...सिगरेट में नशा है, नशे में पावर है, पावर में Corruption, कैसी कही..."

पन्ना ने ताली के लिए हाथ बढ़ाया। आदि ने हाथ पे हाथ मारा।

"क्या बात है...!"

आदि ने सिगरेट जलाया और कुछ लाइनें गुनगुनाने लगा—

"इतना लम्बा कश लो यार, दम निकल जाए
ज़िन्दगी सुलगाओ यारो, ग़म निकल जाए।"

28

काफ़ी रात हो चुकी थी। पन्ना के पिता जो गाँव में रहते थे, शहरवाले घर पे आए थे। बाहर बरामदे में बैठे पन्ना का इन्तज़ार कर रहे थे। तभी पन्ना आई। पिता को देखकर .खुश हो गई।

''बापू...''

बर्वे फ़िकरमन्द थे। पन्ना ने पूछा—

''कब आए...?''

बर्वे खड़े हो गए। पन्ना ने फिर कहा—

''दुबले हो गए हो बापू...!''

''तुम कहाँ से आ रही हो ?...इतनी देर से...तुम क्या समझती हो तुम्हें पूछनेवाला कोई नहीं है!''

थोड़ा रुककर पन्ना ने कहा—

''कौन पूछेगा बापू...इस घर में तो ऐसी कोई रवायत नहीं है।''

''मतलब...?''

''माँ ने तो कभी नहीं पूछा मुझसे। कई-कई दिन बाहर रह के आ गई हूँ...अरुण रात-रात भर घर नहीं आता...''

बर्वे बीच में बोल पड़े—

''वह लड़का है...तुम लड़की हो।''

''तो क्या लड़के भैन चो...''

पन्ना के मुँह से बहन की गाली सुनकर बर्वे सकते में आ गए। उनकी यक़ीन न आया कि उनकी बेटी ऐसी हो गई थी। पन्ना को एहसास हुआ कि पिता के सामने उसने क्या कह दिया।

''सॉरी...सॉरी...बापू।''

पन्ना का गला रुँध गया। लेकिन अचानक

अन्दर की सारी तल्ख़ी पिता के सामने उमड़ आई–

"और माँ भी तो...! उससे कभी पूछा था तुमने ? जब वह जाया करती थी उस पग्गड़वाले के साथ, रात को स्कूल में ?...मुँह पे चादर ओढ़कर सोने का बहाना कर लिया करते थे...घर के दरवाज़े से जब वह माँ को दौरे पे ले जाया करता था। उस वक़्त पूछा था–किस दौरे पे लेकर जा रहा है ?...नहीं, जब तो बड़े ख़ुश होते थे..."

पिता सिर झुका कर सब सुन रहे थे, जैसे बेटी के सामने बग़ैर कपड़ों के हो गए।

"सिर पर पल्लू ओढ़ के...तुम्हारे पाँव छूती थी...है न...?"

पिता ने मुँह दूसरी तरफ़ घुमा लिया जैसे वो नहीं सुनना चाहते अपने गुनाह। लेकिन पन्ना की तल्ख़ी कम न हुई।

"बाहर के लोग हँसते थे बापू...मैंने सुनी थी वह हँसी...बाहर अन्ना ची मालती देवी कहकर बुलाते हैं बापू उसे...बर्वे ची नहीं...उस भड़वे का नाम लेकर बुलाते हैं, सावंत राव का...सावंत राव... क्या...?"

अचानक उसके चेहरे पर एक थप्पड़ पड़ा। मालती देवी सामने खड़ी थीं। उन्होंने उसका जुमला पूरा किया–

"गदरे...सावंत राव गदरे...जिससे इस घर की मर्यादा चलती है...आइन्दा याद रहे..."

पन्ना ग़ुस्से से कुछ बोल नहीं पाई और बाप ने भी कुछ नहीं कहा। पन्ना मुड़ के बोली–

"यह थप्पड़ मेरे मुँह पर नहीं पड़ा बापू...तुम्हारे मुँह पर पड़ा है...!!"

इतना कहकर पन्ना अपने कमरे की तरफ़ चली गई। बर्वे और मालती देवी दोनों वहीं खड़े रह गए जैसे वो दोनों गुनाहगार हों। दोनों की निगाहें अलग अलग नुक़्तों पर जम गई थीं।

29

पन्ना अपने कमरे में ख़ामोश बैठी थी और पछता रही थी कि ऐसा क्यों कहा बापू को। वह तो बापू की बहुत लाडली थी। उसने बापू को तमाचा मारा। फिर कुछ सोचकर बापू के कमरे में आई और अन्दर झाँककर देखा। उसके पिता बैठे फ़र्श को देख रहे थे। दरवाज़ा खुलने की आवाज़ पर दरवाज़े की तरफ़ देखा तो पन्ना खड़ी थी। पिता की आँखें आँसुओं से भर गईं। पन्ना भी अपनी नम आँखों से पिता की तरफ़ देख रही थी और फिर पिता के पास आकर उनके घुटनों पर सिर रखकर रो पड़ी।

"I am Sorry बापू...I am sorry."

वह रोते हुए पिता के कदमों में बैठ गई और पिता की गोद में सिर रखकर बिलखने लगी।

"मुझे...मुझे यहाँ बिल्कुल अच्छा नहीं लगता शहर में...!"

"मुझे भी अच्छा नहीं लगता बेटी...!"

बर्वे ने बेटी के चेहरे को हाथों से उठाकर अपनी तरफ़ किया और उसकी भीगी आँखों को पोंछते हुए कहा–

"जब तू अपने घर चली जाएगी...मैं भी...तो मैं भी

अपने घर चला जाऊँगा...शिवड़ी...!"
पन्ना पिता की गोद में सिर रखकर रोती रही।

30

मालती देवी अपने सरकारी बँगले के बाहर लॉन में बैठी थीं। उनका बेटा एक बिल्डिंग का नक्शा दिखा रहा था और समझा रहा था–

"यहाँ से आएँ...यहाँ से आप एंटर करेंगी...यह लॉबी, साथ में कांफ्रेंस रूम, यह तुम्हारा पर्सनल ऑफ़िस..."

"हाँ..."

पन्ना की जीप बँगले में दाख़िल हुई और जीप खड़ी करके पन्ना माँ और भाई के पास आ गई। अरुण माँ को समझा रहा था–

"यह कांफ्रेंस रूम, यह तुम्हारा रेस्ट रूम, माइक, स्पीकर, एवरीथिंग ! जिसे जो चाहिए, बस वहीं बैठा-बैठा बटन दबाए और बोले..."

पन्ना तब तक इनके पास आ गई थी।

"वैसे तुम्हारे सामने बोल कौन सकता है !"

"कोन बोल रहा है माँ के सामने...? तुम्हारा चश्मा मम्मी..."

पन्ना ने नीचे गिरा हुआ चश्मा उठाकर माँ को दिया।

"अरे माँ Stylist हो गई हैं...बाहर जाती हैं तो कांटेक्ट लेंस पहनती हैं। Just leave it."

"छोड़ आई उन्हें...?"

माँ ने पन्ना से पूछा...बर्वे के बारे में...जो गाँव चले गए थे।

''हूँ...ट्रेन लेट थी लेकिन उनकी बोगी लग गई थी। आराम से पहुँच जाएँगे अपनी साइट पर। महीना-भर रह के गए बापू...अच्छा हुआ।''

वही नौकरानी मधु जिसने बचपन में पन्ना और अरुण को पाला था, दूध लेकर आ गई पन्ना के लिए। मालती ने कहा—

''पर आपने एकेडेमी के बीस दिन मिस किए हैं।''

''I will cover it.''

''दूध...सुबह छोड़ गई थी।''

पन्ना ने गिलास लिया कि माँ बोल पड़ी—

''पी लीजिए...दूध पी लीजिए...''

मधु को देखकर पन्ना ने कहा—

''पी लूँगी ना मैं...तू जा...''

मधु चली गई। तो भाई से पूछा—

''क्या कह रहे थे माँ को...''

''माँ के लिए कांफ्रेंस रूम तैयार किया है, अपने फ़ाइव स्टार होटल में। ममा को कभी कांफ्रेंस करते देखा है ? बिल्कुल महारानी लगती हैं।''

''वो हैं ही महारानी...हुकूमत करनेवाले वही होते हैं—महाराजा या महारानी...''

''What do you mean ?''

पन्ना वहीं रखी कुर्सी पर बैठ गई और कहा—

''माँ...वो भाऊ कहता है ना...कि ताज वही हैं, बस सिर बदल गए हैं।''

यह सुनकर माँ का चेहरा बदल गया। अरुण माँ के बदले हुए चेहरे को देखने लगा।

''राजे और महाराजे तो हमेशा से थे इंडिया में, स्टाइल अभी भी वही है। पहले States थीं...अब Estaties हैं। पहले दाद थी अब जायदाद है।''

अरुण ने टोका।

''बहुत बदतमीज़ होती जा रही हो तुम...''

''तुम क्यों गिल्टी फ़ील कर रहे हो?...तुम्हारा बन रहा है न, Five Star Hotel ! ख़ुश रहो तुम...ख़ुश रहो यार...''

''जब से भाऊ का थिएटर तुमने देखना शुरू किया है ना, मैं देख रहा हूँ तुम्हारी ज़बान...कुछ ज़्यादा तेज़...''

तभी सभी की नज़र एक आदमी पर पड़ी जो गेट के अन्दर सिक्योरटी पुलिसवाले से बात कर रहा था। वह भाऊ था। भाऊ पुलिसवाले से किसी बात पर उलझा हुआ था।

''पहले यहाँ अपना नाम लिखवाइए, फिर अन्दर जाइए...''

''एक बार लिख दिया न, वहाँ...गेट पर!''

''एक बार फिर लिखा दीजिए ना...''

''अरे भाई फ़रियादी जहाँगीर बादशाह के यहाँ घंटा बजाकर पहुँच जाते थे...जाओ महारानी से कह दो, फ़रियादी आया है।''

इतना कहकर लाठी टेकता हुआ भाऊ लॉन की तरफ बढ़ गया जहाँ ये तीनों बैठे थे। सिक्योरटी वाला घबरा गया।

''सुनिए...सुनिए...''

भाऊ उधर चल दिया जहाँ मालती देवी, पन्ना और अरुण बैठे थे। मालती बोल पड़ी—

''Think of the Devil and...आओ...आओ भाऊ...तुम्हें कौन रोक सकता है !''

भाऊ मालती देवी के करीब पहुँच गया।

''हाँ, मैं वही समझा रहा था...जहाँ न जाए रवि, वहाँ जाए कवि...हम तो डाकिए हैं, लोगों के। कभी चिट्ठी लेकर आते हैं...कभी तार लेकर आ जाते हैं।''

मालती ने मज़ाक किया–

"कभी मनीऑर्डर भी लाया करो, भाऊ..."

"लाएँगे...लाएँगे...वोटों का मनीऑर्डर भी लेकर आएँगे तुम्हारे लिए...नोटों के मनीऑर्डर की तुम्हें क्या ज़रूरत...?"

इतना कहकर हँस पड़ा। तभी अरुण खड़ा हो गया और माँ से कहा–

"माँ...मैं चलता हूँ..."

"हूँ..."

"वह सावंत राव जी से...मीटिंग है न मेरी..."

भाऊ बोल पड़ा–

"सावंत राव...The King Maker ! सॉरी, सॉरी, सॉरी, क्वीन मेकर (Queen Maker) वही तो है..."

अरुण के जाने के बाद भाऊ अरुण की कुर्सी पर बैठ गया।

"वही तो जिसने बाई को मैदान में लाया...क्यों बाई..."

टेबल पर पड़े Five Star Hotel के Blue-print को देखकर बोल पड़ा–

"क्यों बाई Five Star Hotel बना रही हो गदरे के साथ ?....हूँ...बादशाह सराय बनाया करते थे मुसाफ़िरों के लिए...प्याऊ भी लगाया करते थे प्यासों के लिए...तू पम्प लगा दे...नल लगवा दे बस्ती में, लोग दुआएँ देंगे...पचास साल हो गए हैं...पानी नहीं दे सके, अरे तुम्हारी Government खाना नहीं दे सकती, पाखाने ही बनवा दो, बेचारे सड़कों पर बैठ जाते हैं जाके।"

यह सुनकर मालती देवी ने अपनी नाक दबा ली। भाऊ बोला–

"अपने मक़बरे भी बनाया करते थे...अब उसकी ज़रूरत नहीं...अब वह लोग बना देंगे।"

यह कहकर भाऊ हँस पड़ा। मालती देवी चुप रही, पीछे खड़ी पन्ना भाऊ की बातें बड़े ध्यान से सुन रही थी। मालती देवी ने पूछा–

"बोलो भाऊ...कैसे आना हुआ...?"

यह सुनकर पन्ना वहाँ से चली गई जैसे उनकी बातें नहीं सुनना चाहती।

"बाई...बाई बोलूँ कि ताई..."

"कुछ भी बोलो..."

"बाई जनता के सुख के लिए ऊडन में रेल बिछा रही हो, तो जनता की भावनाओं को भी देख लो..."

"वह मैं नहीं बिछा रही भाऊ...वह सेंटर का काम है। कांट्रेक्ट पटेल का है और बर्वे साहब का तो Sub-Contract है...उस area का..."

"मैं उसी area की बात कर रहा हूँ जो काशी की Constituency है। जहाँ से रेल गुज़रेगी वहाँ दलितों का एक गाँव पड़ता है, उखाड़ तो दोगी, बसाएगा कौन...? गाँव हैं, ज़िन्दा लोग हैं, मिट्टी का ढेर तो है नहीं। यहाँ से उठाकर वहाँ रख दिया...!"

"देंगे ना...रहने के लिए दूसरी जगह देंगे..."

"और एक बात...अगले कस्बे में एक पुरानी दरगाह पड़ती है। कहीं हिन्दू-मुसलमान का फ़साद न खड़ा कर देना। पहले ही बड़ा टेंशन करवा दिया है politicians ने।"

"भाऊ...आप अपना काम करो...हमें अपना काम करने दो।"

भाऊ बीच में ही बोल पड़ा–

''आपको काम करने से कौन रोक सकता है, लेकिन जब लोगों पर आती है तो यह मेरा काम हो जाता है...जब Law and Order...''

''Law and Order सँभालना हमारा काम है भाऊ...!''

''और जब ज़रूरत पड़े तो बिगाड़ना भी आप ही का काम है...''

मालती देवी ने गुस्से से कहा–

''मुझे ऑफ़िस जाना है, देर हो रही है।''

''बाई हम तकरार नहीं करते...अपनी पुरानी गाँववाली समझ कर चले आले हैं...''

मालती देवी उठकर अन्दर जाने लगी। भाऊ ने पीछे से कहा–

''बाई...वैसे बड़ी इज़्ज़त करते हैं हम तेरी।''

मालती देवी ने जैसे सुनी ही नहीं। भाऊ भी वहाँ से बाहर गेट की तरफ़ चला गया। गेट के पास पीछे से पन्ना ने उसे बुलाया–

''भाऊ...''

''क्या है...''

''भाऊ...भाऊ...तुम शिवड़ी में रहते हो...?''

''नहीं !...रहता था...! जब मैं छोटा था...तब तू बहुत ही छोटी थी...मेरे बाप उसी स्कूल में चपरासी था जहाँ बाई पढ़ाया करती थी।''

''अब...अब कहाँ रहते हो...?''

''भामनी...वहाँ से ज़्यादा दूर नहीं...दलितों की बस्ती है।''

''भाऊ...मुझे भी अपने Group में शामिल कर सकते हो...? मैं गा लेती हूँ, थोड़ा नाच भी लेती हूँ...!''

यह सुनकर भाऊ हँसने लगा और कहा–

"पागल हो !...बाई मारेगी। तुझे भी और मुझे भी...तू पुलिस में ही अच्छी है।"

"आपको कैसे मालूम मैं पुलिस में हूँ...?"

"इतनी सी तो दुनिया है...मिलो तो सारी ऊँगलियाँ छू जाती हैं...चलता हूँ, देखो कभी छुट्टी मनानी हो तो मेरे गाँव चली आना...चागले..."

पन्ना के गालों को थपथपाया कर भाऊ चला गया। पन्ना उसे जाता देखती रही।

31

आदि अपने घर में बैठा पन्ना से फ़ोन पर बात कर रहा था–

"कोई है ना...टोली लेकर घूमता रहता है।"

"But I tell you आदि बहुत भला आदमी है भाऊ...Straight and honest. ऐसे लोग अगर अपनी government में होते ना तो..."

"माँ को हटवा के भाऊ को मिनिस्टर बनवा दो...!"

पन्ना हँस पड़ी, और इधर-उधर ऐसे देखा जैसे कोई सुन न ले। कमरे में नौकरानी मधु आई कुछ खाने का सामान लेकर। बिस्तर पर ढेर सारे कपड़े बिखरे पड़े थे। पन्ना फ़ोन पर बात करती रही।

"I know..."

मधु ने खाने का कौर बनाकर पन्ना के मुँह की तरफ़ किया।

"खा...ना..."

पन्ना फ़ोन पर बात सुन रही थी।

"मधु...बात करने दे !"

दूसरी तरफ आदि के कमरे में नौकर आया और आदि से कहा–

"छोटे साहब, बुला रहे हैं साहब..."

"आ रहा हूँ जाओ..."

दूसरी तरफ़ मधु का हाथे पकड़कर पन्ना ने फ़ोन में कहा–

"And you know आदि...He is the only one जिससे माँ डरती है, क्योंकि वह खटाक से कह देता है, उसे जो कहना होता है।"

"खटाक नहीं फटाक।"

"खटाक या फटाक जो भी है।"

"फटाक पन्ना..."

"क्या Sence of humour है उसका...पता है, माँ से कह रहा था...आपकी सरकार खाने को नहीं दे सकती है तो कम-से-कम..."

"क्या फ़ायदा...Sence of humour से कोई काम नहीं चलता। बात करने का मुहावरा ही बदल गया। कवि की बातें सिर्फ़ किताबों तक ही रह गई हैं...हाँ बम फटे, गोली चले तो ये लोग मुड़ के देखते हैं।"

आदि का नौकर फिर चला आया।

"साहब बुला रहे हैं।"

"बोलो आ रहा हूँ..."

नौकर फिर से उल्टे पाँव लौट गया।

पन्ना फ़ोन पकड़े मधु को समझा रही थी कि कपड़े बैग में कैसे रखने होंगे।

"बैग में मेरे दो यूनीफ़ार्म...और मेरे पहनने के लिए कपड़े...बस...और मेरी कैप और बैल्ट मधु... हलो..."

दूसरी तरफ़ आदि का नौकर फिर आया और कहा–

"छोटे साहब...अर्जेंट में बुला रहे हैं, बड़े साहब।"

"अब क्या है...आ रहा हूँ...बोलो, नहा रहा हूँ, जाओ...जाओ यहाँ से...हलो..."

पन्ना अपनी नौकरानी से कुछ कहने लगी...

"रोटी छोड़ न मधु...पहले Please मेरी पैकिंग ख़त्म कर दे। Please...मैं खा लूँगी रोटी बाद में।"

रोटी का एक कौर लेकर हलो कहा–

"हलो..."

आदि की तरफ़ नौकर फिर आ गया और आदि फ़ोन को कानों से हटाकर गुस्से से उसे देखने लगा। नौकर ने इशारे से फिर चलने के लिए कहा। आदि ने गुस्से से फ़ोन रखा और कहा–

"चलो..."

और कमरे से बाहर निकल गया।

32

दूसरे बड़े से हॉल में आदि के पिता पुलिस I.G. के साथ खड़े थे और आदि अभी तक नहीं आया था। वो अपने हाथ का कप देखते हुए अपने आपसे बड़बड़ाए–

"What the hell he is diong...?"

"Take it easy sir...!"

पटेल साहब आदि के कमरे की तरफ़ जाने लगे। तभी आदि सामने आ गया।

"क्या कर रहे थे...?"

"जी नहा रहा था...!"

"आज का Newspaper देखा है...?"

"आज का Newspaper लेकिन..."

पटेल साहब वहीं से चलते हुए दूसरी तरफ़ आए जहाँ आज का अख़बार पड़ा था।

"News तो देखी होगी T.V. पर, T.V. तो देखा करते हो?"

एक अख़बार का सफ़ा आदि के सामने किया।

"Front Page News है...इतना बड़ा ब्लास्ट हुआ है...तुम्हें सुनाई नहीं दिया...?"

"यह तो रोज़ होता है पापा...कभी ट्रेन में कभी बस में..."

"बस, ट्रेन में नहीं, हमारी Factory में Blast हुआ है। सारा का सारा Maintenance Dept. उड़ गया है।"

"नहीं पापा...मुझे नहीं पता...लेकिन इस सबसे... मुझे..."

पटेल साहब I.G. की तरफ़ मुड़े जो पास के सोफ़े पर बैठा था।

"जे.डी. साहब बताइए इसे...ये यहाँ के पुलिस कमिश्नर हैं।"

जे.डी. उठकर आदि के पास आया।

"जिन लोगों ने Blast किया है वो तुम्हें जानते हैं। तुम उनके साथ उस बस्ती में देखे गए हो..."

पटेल साहब बहुत गुस्से में थे। और इस Blast की ज़िम्मेदारी वो अपने बेटे पर देना चाह रहे थे। उनके हाथ में वही अख़बार था, उसे ही पकड़ कर वो बात कर रहे थे।

"यह क्या कह रहे हैं पापा...? वहाँ जाता हूँ...लेकिन आप जानते हैं, मैं क्यों वहाँ जाता हूँ..."

"तुम किसी..."

पटेल साहब ने गुस्से में आकर अपने जवान बेटे को हाथ में पकड़े अख़बार से गाल पर मारा।

"तुम...किसी...Underground Party के साथ काम कर रहे हो...मेरे ख़िलाफ़...अपने बाप के ख़िलाफ़...!"

पटेल साहब उसी अख़बार से आदि को तेज़ी से मारने लगे। I.G. खड़ा यह देख रहा था।

"पापा यह, क्या कर रहे हैं आप...!"

"तुम मुझे अच्छी तरह नहीं जानते...!"

आदि ने गुस्से से वह अख़बार पकड़ लिया, जिससे उसके पिता मार रहे थे।

"बस पापा...बस...!"

आदि अख़बार लेकर पिता से दूर हट गया।

"कहीं भी...कभी भी...किसी के सामने मुझे इस तरह से ज़लील नहीं कर सकते।"

"तुम मुझे नहीं जानते...मैं कुछ भी कर सकता हूँ। मैं तुम्हें गोली से भी उड़ा सकता हूँ...यह...यह जो 'Empire' खड़ी की है मैंने...अपने ख़ून से पाली है...तुमसे ज़्यादा लाडली है मुझे..."

"जानता हूँ...आप के लिए...यह 'Empire' हम सबसे बहुत बड़ी है..."

आदि ने अब पिता की तरफ़ देखा, जैसे उसे बीता हुआ अतीत याद आ गया हो।

"माँ से भी...जब वो U.K. में मर रही थीं...तब मिसेज़ जोशी थीं उनके साथ, आप नहीं...आप को तो अपनी 'Empire' से फ़ुर्सत ही नहीं मिली थी..."

"तुम...तुम जवाब भी देने लगे हो मुझे..."

मिस्टर जे.डी. बाप-बेटे के बीच आ गए और पटेल के कन्धे पर हाथ रखा। पटेल साहब वहाँ

से चले गए। जे.डी. आदि से मुख़ातिब हुआ।

"तैश में नहीं आते आदित्य...हो सकता है इससे तुम्हारा कुछ लेना-देना...ना हो...लेकिन हमने कुछ लोग पकड़े हैं...उन्होंने तुम्हारा नाम लिया...इसलिए एक बार ऑफ़िस में ज़रूर आ जाना, घबराने की कोई बात नहीं...हम सँभाल लेंगे...तुम्हारे साथ एक लड़की भी थी शायद..."

"शायद...?"

"हम उसे जानते हैं...उसे भी बुलाएँगे शायद..."

"शायद...?"

"उसे बुलाएँगे...तुम कल दो बजे ऑफ़िस में ज़रूर आना.."

इतना कहकर वह चला गया। और आदि वहीं खड़ा रह गया।

33

समन्दर का किनारा, रात का वक़्त, आदि बहुत उदास था। पन्ना भी वहीं थी। और आदि अपना दर्द पन्ना को बता रहा था–

"क्या कर रहा हूँ मैं यहाँ, इस घर में, बता सकती हो ? बाप की मुझे परवाह नहीं, उन्हें भी नहीं है, और उस घर में कोई ऐसा है भी नहीं जिससे मैं बँधा हूँ, तुम्हारे तो बापू भी हैं। *(अपने सिर की तरफ़ इशारा करके कहा)* इस हँडिया में सवाल बहुत उबलते हैं। ठीक कहते हैं वो। इस जेनरेशन के पास सवाल बहुत हैं, जवाब कोई नहीं, जियो तो इस ज़हर भरे, Corruption भरे माहौल में, या फिर मर जाओ, साफ़-सुथरी हवा खाने के लिए जाएँगे

भी कहाँ...?''

पन्ना आदि के क़रीब आई और उसके कन्धे पर हाथ रखकर कहा–

''आदि...''

''पैसा, रुपया, आराम...आराम है मुझे ? मेरा तो दम घुटता है, जैसे कोई वक़्त पूरा कर रहा हूँ...''

कहते-कहते पन्ना से दूर गया। जब वापिस मुड़ा तो पन्ना की आँखें भीग चुकी थीं। यह देखकर आदि ने कहा–

''ए....ए...I am sorry. एकेडेमी कब जाना है?''

''कल....''

''अभी चलें ?...इसी वक़्त, सुबह तक पहुँच जाएँगे। What do you say ?''

''और सामान...?''

''सामान ?...प्लेन से लाकर ड्रॉप कर दूँगा, यार वो Arms dropping होता है ना, Same way. What a good idea...? चलें ?''

पन्ना के चेहरे पर हँसी उभर आई। दोनों हँस पड़े। पन्ना ने अपने आँसुओं को पोंछा। फिर पन्ना ने आदि से सिगरेट के बारे में पूछा–

''तुम्हारा सिगरेट कहाँ है...?''

पन्ना ने एक सिगरेट निकालकर आदि के मुँह में लगा दिया। आदि ने कहा–

''Last One...till we meat next.''

पन्ना ने आदि का सिगरेट जलाया। आदि एक कश लेकर गुनगुनाने लगा–

''इतना लम्बा कश लो यारो, दम निकल जाए,
ज़िन्दगी सुलगाओ यारो, ग़म निकल जाए।''

34

रात की लम्बी लम्बी जगमगाती हुई, सुनसान सड़कें और एक कार में आदि और पन्ना। दोनों गाते गुनगुनाते चले जा रहे थे।

इतना लम्बा कश लो यारो, दम निकल जाए,
ज़िन्दगी सुलगाओ यारो, ग़म निकल जाए...
दिल में कुछ जलता है शायद, धुआँ-धुआँ सा लगता है
आँख में कुछ चुभता है शायद, सपना कोई सुलगता है
दिल फूँको और इतना फूँको, दर्द पिघल जाए
ज़िन्दगी सुलगाओ यारो, ग़म निकल जाए...

तेरे साथ गुज़ारी रातें गरम गरम सी लगती हैं
सब रातें रेशम की नहीं, पर नरम-नरम सी लगती हैं
रात ज़रा करवट बदले तो, बल निकल जाए
ज़िन्दगी सुलगाओ यारो, ग़म निकल जाए...

आदि और पन्ना कार में सफ़र कर रहे थे। रास्ते में एक पुल से गुज़रते हुए सामने से आती हुई बस की हेडलाइट में आदि की आँखें चकाचौंध हो गईं। आदि ने जल्दी से रूख़ बदला और कार पन्ना के साथ बहुत नीचे गहरी नदी में जा गिरी।

35

मालती देवी ऑफिस में बैठी थीं। उनके सामने जे.डी. साहब जो पुलिस में I.G. थे, बैठे थे और वो पन्ना और आदि के एक्सीडेंट के बारे में बात कर रहे थे। जे.डी. ने बताया।

"और वह गाड़ी में अकेली नहीं थी..."

"उसके साथ दूसरा कौन था...?"

"पटेल साहब का बेटा...पी.एन.पटेल का। कह नहीं सकते लेकिन...गाड़ी उसी की थी...दोनों अक्सर साथ में Flying Club जाया करते थे।"

"वह कहाँ है...?"

"लाश नहीं मिली..."

"लाश मतलब...?"

"हमारा ख़्याल है, बह गया होगा...अगर ज़िन्दा होता तो ज़रूर मिल जाता...! पन्ना कैसे बची मुझे तो हैरत होती है। दो सौ फ़ुट नीचे, नदी का तेज़ बहाव, और आधी रात का वक़्त..."

मालती देवी की आँखें भर गईं। एक लम्बी साँस खींची।

36

छोटे क़स्बे का सरकारी हस्पताल...मालती देवी की बेटी पन्ना इसी सरकारी हस्पताल में थी। पुलिस का चारों तरफ़ पहरा लगा हुआ था, मालती देवी आनेवाली थीं। वो प्रदेश की चीफ़ मिनिस्टर थीं...! मालती देवी की गाड़ी आई। एक दो बॉडीगॉर्ड इधर-उधर भाग रहे थे। मालती देवी कार से उतर कर तेज़ी से पन्ना के कमरे की तरफ़ गईं। एक बड़े से बरामदे से जब वो गुज़र रही थीं एक लेडी डॉक्टर ने उनके पास आकर कहा—

"Good Evening Mam."

"Yes...?"

"मैं यहाँ पर डॉक्टर हूँ...मुझे आपसे कुछ ज़रूरी बात करनी है..."

मालती देवी ने पुलिस ऑफ़िसर की तरफ़ देखा। ऑफ़िसर पीछे चला गया। मालती देवी लेडी डॉक्टर के साथ थोड़ा आगे बढ़ गई, फिर डॉक्टर ने बताया–

"क्या आप जानती थीं...आपकी बेटी हामला थी...?"

यह सुनकर मालती देवी के चेहरे का रंग बदल गया।

"हूँ..."

"There was a miscarriage...और उसी में bleeding भी बहुत ज़्यादा हुई है। बच्चा...दस या बारह हफ़्ते का होगा...!"

"Any serious injuries...?"

"Not really...!"

पन्ना अपने कमरे में आँखें बन्द किए पड़ी थी...पैरों की आहट से उसने आँख खोली तो एक पुलिस का आदमी खिड़की पर नज़र आया। पन्ना समझ गई...माँ आ गई। पास में बैठी नर्स से पूछा–

"माँ आई है...?"

"यस..."

उसी वक़्त दरवाज़े पे मालती देवी नज़र आई...बेटी की तरफ़ देखा, फिर इधर-उधर देखा और पन्ना के क़रीब पहुँची। पन्ना चुप थी...खुली आँखों से माँ को देखती रही। मालती देवी ने पास पड़े स्टूल को खींचा और उस पर बैठ गई।

"कैसी है तू...?"

''आदि का कुछ पता चला...?''

''तलाश जारी है।''

पन्ना की आँखें आँसुओं से भरी थीं। माँ ने मराठी में पूछा—

''लगन झाला होत का...? आदि के साथ शादी हुई थी...?''

''नहीं...''

पन्ना अपना चेहरा दूसरी तरफ़ करके बोली—

''वह राशनकॉर्ड अभी बनाया नहीं था।''

''क्या मतलब...?''

पन्ना की बातों में कड़वाहट थी।

''मैंने देखी हैं कुछ शादियाँ...एक राशनकॉर्ड से ज़्यादा, उनकी कोई हैसियत नहीं होती।''

''तुम बहुत बकवास करती हो...!''

कुछ पल के लिए दोनों के बीच ख़ामोशी छा गई। इस बीच उनको बाहर किसी की आवाज़ सुनाई दे रही थी। एक पुलिसवाला किसी फोटोग्राफ़र को अन्दर आने से रोक रहा था।

36A

''ए रुक...कहाँ जा रहा है...?''

''मालती देवी आई हैं, उनका फ़ोटोग्राफ़ लेना है... उनसे मिलना है।''

''देखो...वो किसी Personal काम से आई हैं।''

''Hospital में क्या Personal काम हो सकता है ?''

''कहा न...वो यहाँ किसी को देखने आई हैं।''

''किसे देखने आई हैं ?''

"चलिए...जाइए...Will you please leave her alone...जाइए..."

मालती देवी इस बातचीत को सुन रही थीं। दुखी मन से उनकी आँखें भी नम हो गईं।

"मुझे बम्बई वापिस जाना है...कुछ ज़रूरी काम हैं।"

"देश के...?"

"हाँ...देश के...जो ज़्यादा Urgent हैं।"

कुछ देर फिर ख़ामोशी रही। फिर एक आह भर कर बोलीं–

"तुमको यहाँ से शिफ़्ट करने के लिए कुछ दिन लगेंगे। मुझसे जितना होगा और जितना तुम करने दोगी, हो जाएगा।"

मालती देवी खड़ी हुई जाने के लिए तो पन्ना ने उनका हाथ पकड़ लिया और मराठी में पूछा–

"आई...मुल्गा होता कि मुल्गी?...कोई बताता नहीं...लड़का था या लड़की..."

"माला माइत नाही..."

"तुमने पूछा भी नहीं...?"

"नहीं...!"

पन्ना ने हाथ छोड़ दिया माँ का...और रोने लगी...माँ कमरे से बाहर निकलकर दरवाज़े के पास अपने आँसुओं को पोंछ रही थी। फिर तेज़ी से चल पड़ी।

37

मालती देवी बहुत दुखी थीं और गुस्सा भी। सावंत राव भी वहीं थे। सावंत राव पास आया

और कहा—

"क्या सोच रही हो...?"

"जानते हो...क्या पूछती है मुझसे...!"

"क्या...?"

"वह बच्चा जो ज़ाया हो गया...उसके लिए...?"

38

उस खंडहर में जहाँ पन्ना को लाया गया था वहाँ पन्ना और आदि बैठे थे। आदि ने पूछा—

"लड़की थी...या लड़का...?"

पन्ना चुप थी...फिर पूछा—

"तुम क्या चाहते थे...?"

"तुमने बताया नहीं...वरना..."

"बतानेवाली थी उसी दिन...लेकिन तुम बहुत परेशान थे। तुम अपने डैडी से झगड़ा करके आए थे !...क्या चाहते थे तुम...? लड़की...?"

"नहीं..."

"लड़का...?"

"क्या करता जी के इस माहौल में...जिस माहौल में तुम जी रही हो...जिस माहौल में मैं जी रहा हूँ.."

"तुभ इतने कड़वे तो कभी नहीं थे आदि..."

"नहीं...? याद नहीं, किस माहौल से आया हूँ...यह हँडिया *(सिर को छूकर बोला)* आज भी उसी तरह उबलती है। उन सवालों से..."

आदि खड़ा हुआ और दीवार की दूसरी खिड़की के पास जाने लगा। उसके चलने में एक भचकना था। पन्ना के वैसे ही हाथ-पैर बँधे थे और वह दीवार से पीठ टिकाए बैठी थी। आदि

वहीं दूर खड़ा कह रहा था–

"पता नहीं...मैं ने ठीक किया...जो मैं भाग आया...पता नहीं जो अब कर रहा हूँ...वह ठीक कर रहा हूँ या नहीं...लेकिन जो कर रहा हूँ...उसमें स्वार्थ नहीं है, Corruption नहीं है। ख़ुद से शर्मिन्दगी नहीं होती...!"

फिर दोनों के बीच एक पल को ख़ामोशी आई, और पन्ना ने फिर पूछा–

"तुम्हारे पैर में क्या हुआ...?"

आदि यह सुनकर पन्ना के पास लँगड़ाता हुआ आया और बताया–

"तुमसे बिछड़ कर जब होश आया...तो टाँग कट चुकी थी।"

आदि ने अपना पैर खोलकर दिखाया जो लकड़ी का लगा हुआ था। तभी किसी की सीढ़ियों पर चढ़ने की आवाज़ आई।

"बाबू..."

"हाँ..."

आदि उसके पास चला गया।

"क्या बात है...?"

"संजू आया है।"

"अकेले...?"

"हाँ..."

"कोई ख़बर...? चलो नीचे चलो..."

दोनों नीचे चले गए। पन्ना उठकर उनको जाते हुए देख रही थी। कुछ सोच में डूब गई। क्या उसकी ज़िन्दगी के फ़ैसले का वक़्त आ गया?

39

नीचे किसी दूसरे कमरे में संजू ज़ख़्मी पड़ा था...दूसरे लड़के पट्टी बाँध रहे थे और वह दर्द से कराह रहा था। आदि आकर उसके पास खड़ा हो गया। संजू बताने लगा–

"उसे जेल से तो शिफ़्ट कर दिया..."

"कहाँ लेकर गए हैं...?"

"पता नहीं चल सका बाबू...पता नहीं चला...वही जानने के लिए...मैं और कल्याण पीछा कर रहे थे...लेकिन पुलिस को पता चल गया...बस... अचानक उन लोगों ने फ़ायरिंग शुरू कर दी और उसी में...उसी में कल्याण को गोली लगी और वह वहीं ढेर हो गया..."

"लेकिन कहाँ लेकर गए होंगे...? कुछ अन्दाज़ा है...?"

दूसरे लड़के ने बताया–

"गुरु का ख़्याल है...कि उसे Encounter बनाकर मार दिया जाएगा।"

एक और तेज़ी से बोला।

"मतलब उसकी लाश आएगी हमारे पास..."

"हाँ..."

आदि ने भरी हुई आवाज़ में कहा।

"अगर लाश आई...तो एक और जाएगी कल सुबह..."

पन्ना ने ऊपर सीढ़ियों पर खड़े आदि की यह बात सुन ली।

40

पन्ना अपने कमरे में इधर-उधर देखने की कोशिश कर रही थी। तभी आदि उसके पास आया और पन्ना के पास आकर खड़ा हो गया। पन्ना उसको देखने लगी कि आदि क्या कहेगा, कैसे कहेगा...पन्ना ने पूछ लिया–

"क्या ख़बर है...?"

"नहीं...कुछ नहीं...तुम सो जाओ कुछ देर..."

"क्यों...? आख़िरी रात है न मेरे लिए...? और सुबह होने में भी ज्यादा देर नहीं...!"

आदि ने उसकी बात का जवाब नहीं दिया। इधर-से-उधर टहलता रहा। जितना पन्ना शान्त थी, उतना ही आदि बेचैन था।

"कुछ चाहिए...?"

"आख़िरी ख़्वाहिश पूछ रहे हो...?"

"हाँ..."

फिर दोनों में एक चुप्पी छा गई।

"Will you make love to me...?"

"बेईमानी है वो सब..."

"पहले भी बेईमानी थी...या था कुछ...?"

"कुछ चाहिए तुम्हें...?"

पन्ना दर्द का घूँट पी गई, फिर कहा–

"नहाना चाहती हूँ..."

आदि मुड़ा–

41

दीवार से लगा हुआ आदि बैठा था...और दीवार के पीछे पन्ना नहा रही थी। और दोनों आपस में बातें कर रहे थे। आदि कह रहा था–

''आस्था, विश्वास, Faith, किसका ? भगवान का ? भगवान का विश्वास करो तो फ़ौरन धर्मों में बाँट दिए जाते हो...यह हिन्दू है, यह मुसलमान है। नीतियों का विश्वास करो तो फ़ौरन पार्टियों में बाँट दिए जाते हो...हर सिद्धान्त की छह-छह पार्टियाँ हैं...फ़सादों की आग क्या देखी नहीं भाऊ ने ?''

तभी पन्ना नहाते-नहाते बोल पड़ी।

''मैं दस दिन रही...भाऊ के यहाँ जा के।''

''माँ ने जाने दिया...?''

''उन्हीं दिनों मैं बापू को वापस गाँव ले आई थी।''

आदि बोल पड़ा।

''उनकी आड़ में कई ख़ून करवा दिए तुम्हारी माँ ने...''

''No !''

''तुम नहीं जानतीं...उनके रेलवे ट्रैक के नीचे कितनी क़ब्रें हैं।''

''No ! यह झूठ है। माँ कमज़ोर हो सकती है, Corrupt हो सकती है, ख़ूनी नहीं हो सकती वह...सावंत राव ने...''

''तुम नहीं जानतीं सावंत राव उनके लिए क्या था ?...वह...तो...''

''मैं जानती हूँ...पता है मुझे...एक दिन मैं बापू के कमरे में गई तो...''

41A

पन्ना ने बापू के कमरे का दरवाज़ा खोला तो सामने सावंत राव खड़ा बालों में कंघी कर रहा था। शायद उसी वक़्त नहाकर निकला था। देखकर लगता था कि रात उसी घर में रहा था।

पन्ना गुस्से में भरी हुई उल्टे पाँव मालती देवी के कमरे की तरफ़ चली गई।

42

मालती देवी कमरे में चादर ठीक कर रही थीं। गुस्से में पन्ना आई और माँ से कहा–

"That man...Who the Hell he is-? तुम्हारा C. M. होगा, मेरा बाप नहीं है वह ! मेरे बाप के कमरे में क्यों रह रहा है वह...?"

"वह उनका कमरा नहीं है...वह गेस्टरूम है।"

"गेस्टरूम बना दिया है तुमने...क्योंकि तुम्हारा पति गेस्ट बन गया।"

यह सुनकर मालती देवी हैरान सी हो गईं। पन्ना ने फिर पूछा–

"जब से कंस्ट्रक्शन साइट पर गए हैं बापू..."

"आवाज़ मद्धम रखो अपनी...Costruction site पर मैं उन्हें नहीं भेजती, वह बिज़नेस है उनका।"

तभी सावंत राव उस कमरे में आ गए और पन्ना को मुख़ातिब करते हुए कहा–

"क्या हुआ बेटी...?"

पन्ना ने गुस्से से सावंत राव को देखा।

"क्यों नाराज़ हो रही हो अपनी माँ पर...बड़ी

ऊँची-ऊँची आवाज़ सुन रहा हूँ..."

"मिस्टर...मिनिस्टर...Or What ever you are...यह Bed-room है किसी का...सचिवालय का दफ़्तर नहीं। आप अन्दर कैसे आ गए...?"

"ओह..."

"हूँ..."

"I am Sorry..."

यह कहकर सावंत राव चले गए। फिर पन्ना ने माँ से कहा—

"यह गेस्ट हैं इस घर में ?...हूँ ?...क्यों गई नहीं पीछे-पीछे माफ़ी माँगने ? कैबिनेट से नाम काट दिया तो...?"

"बकवास बन्द करो। तुम्हारी...मुझे कोई शौक नहीं है ऊँची उड़ान उड़ने का...तुम लोग एक बेहतर ज़िन्दगी देख सको, इसलिए इतनी जान मारती हूँ और यहाँ तक आई हूँ, वरना थी क्या तुम...? एक गुड़चक्कीवाले की बेटी...अभी तक किसी तेली के साथ शादी हो गई होती और दस बच्चे नंगे घूम रहे होते गाँव में। पावर इस्तेमाल करना सबको अच्छा लगता है, और तुम सब करते हो, और मुजरिम मैं बनती हूँ...?"

"बहुत बार सुन चुकी हूँ यह सब!"

फिर बहुत धीरे से पन्ना ने कहा—

"मैं जा रही हूँ...उस गुड़चक्कीवाले के पास, सुना है—आजकल बहुत Tension है, अख़बार में पढ़ा था।"

43

लोगों की भीड़ भाग रही थी। एक आदमी जलता हुआ ज़मीन पर गिर रहा था। कुछ लोग एक कार तोड़-तोड़कर उसमें आग लगा रहे थे।

पुलिसवाले पब्लिक पर लाठियाँ बरसा रहे थे। पब्लिक भी पत्थरों से उनका मुक़ाबला कर रही थी। एक बहुत बड़ा रोलर आग से लिपटा हुआ गिरा। रात का वक़्त। घरों में, दुकानों में आग लगी थी।

भाऊ अपनी टोली के साथ गलियों में घूम रहा था। उसके साथी जगह-जगह आग बुझा रहे थे और उसकी आवाज़ से आवाज़ मिलाकर कह रहे थे–

जागो-जागो
जागते रहो–
जागो-जागो–
जागते रहो–
रातों का हमला है
मकड़ी के जाले हैं–
अँधेरे पाले हैं, चन्द लोगों ने
जागो–जागो, जागते रहो–

आग के दाँतों में ईमान फँसे हैं
आग के दाँतों में इनसान फँसे हैं
आग जब भौंकती है, डर लगता है
आदमी छोंकती है, डर लगता है
इनसान की नस्लों को, पैरों में रौंदा है, चन्द लोगों ने
जागो–जागो, जागते रहो–
फिर गिरी गर्दन, सिर कटने लगे हैं...

लोगों के बँटते ही, ख़ुदा बँटने लगे हैं...
नाम जो पूछे कोई, डर लगता है
किसको पूजे कोई, डर लगता है
कितनी बार मुझे सूली पे टाँगा है, चन्द लोगों ने
जागो, जागो, जागते रहो
जागो जागो जागते रहो
रातों का हमला है
जागो जागो जागते रहो...

अलग-अलग जगहों पर भाऊ के लोग, लोगों को बचा रहे थे। आग को बुझा रहे थे।

भूख से बेहाल बच्चे, बूढ़े बस्ती से निकल रहे थे। लोग अपने घरों को छोड़कर जा रहे थे। कहीं पर लाशें पड़ी थीं...घरों से सभी लोग निकलकर भाऊ को सुन रहे थे। पन्ना भी अपने पिता के साथ उसी भीड़ में खड़ी थी। भाऊ ने शायद देखा भी।

44

मालती देवी अपने सेक्रेटरी के साथ पार्टी के ऑफ़िस पहुँची। अन्दर सावंत राव कुछ पार्टी के लोगों के साथ मीटिंग कर रहा था...एक आदमी कह रहा था—

"इस बार तो इलेक्शन वह जीतेगा...जिसकी तरफ़ भाऊ होगा...बहुत जादू है उसका इस इलाक़े पर।"

दूसरे ने भी हामी भरी।

"पूरे इलाक़े में 60 प्रतिशत से ऊपर तो वोट उन्हीं के हैं।"

सावंत राव जो अभी तक ख़ामोश था, उसने कहा–

"...भाऊ का भी कुछ कर देते हैं...!"

"भाऊ...बड़ी ताक़त है दलितों की अन्ना, उसे क़ाबू में रखना, फ़िलहाल इनसान का काम नहीं।"

तभी सबकी नज़र मालती देवी पर पड़ी जो उसी वक़्त दाख़िल हुई थीं। सावंत राव उन्हें देखकर .ख़ुश हो गए। सभी नमस्ते करने लगे और सावंत राव वहाँ बैठे लोगों से मालती देवी का परिचय करवाने लगे।

"ये हैं मालती देवी...पहचान लो ठीक से धोले काका।"

"इन्हें कौन नहीं पहचानता।"

"बस...तो फिर अब यही आएँगी, आप लोगों का सामान लेकर...मुझे तो पार्टी के काम से फ़ुर्सत नहीं मिलेगी।"

धोले काका और उनके लोग खड़े हो गए।

"तो चलते हैं सावंत राव।"

सभी लोग मालती देवी से नमस्कार करके कमरे से बाहर चले गए। फिर मालती देवी सावंत राव के क़रीब आई और पूछा–

"ये लोग कौन थे...?"

"ये तुम्हारी कंस्टीटूएंसी (Constituency) के लोग हैं।...वो मुखिया थे..."

"मेरी Constituency मतलब ?"

"बाई *(हँसकर)* इस बार एक बड़ा सा Election तुम लड़ रही हो, हमारी Constituency से।"

तभी मुनीम को बुलाया।

"दीवान साहब..."

"जी सर..."

"वो पेपर्ज़ ले आइए।"

मालती देवी ने पूछा।

"फिर वहाँ से क्यों ? मेरे इलाक़े से क्यों नहीं ?"

"बाई...समझदार नेता...इलेक्शन कभी अपनी Constituency से नहीं लड़ा करते, वहाँ लोग उन्हें बहुत अच्छी तरह से पहचानते हैं। जब बुराइयाँ गिनते हैं तो बचपन की बीमारियाँ भी साथ जोड़ देते हैं। अपने लोगों को झूठ पचवाना बहुत मुश्किल काम है।"

"हूँ..."

तभी दीवान एक पेपर लेकर आया।

"लीजिए सर..."

"हूँ..."

सावंत राव ने वह काग़ज़ ले लिया और मालती देवी की तरफ़ बढ़ा दिया–

"यहाँ दोनों जगह साइन कर दो।"

मालती देवी ने साइन कर दिया।

"दीवान साहब..."

"जी..."

"मैडम के Nomination Paper तैयार कर दो...और फ़ाइल बना दो।"

"जी सर..."

"थैंक यू..."

दीवान को पेपर वापस करके दोनों बरामदे से चलते हुए कार तक आ गए। मालती देवी ने फिर सवाल किया।

"अन्ना ऐसा तो नहीं...कि यह सीट Unsafe है इसलिए मुझे आगे कर दिया..."

"डर किस बात का है ?...हम हैं न...काशीकर बड़ा Important विरोधी है। दिन-रात काम करना

पड़ेगा। लेकिन यह इलेक्शन जीत गईं तो समझ लो...अगला क़दम चीफ़ मिनिस्टर का होगा।"

"अन्ना...काशीकर तो है ही...वह भी थोड़ा हिला हुआ है, लेकिन वह..."

"भाऊ...?"

"हूँ..."

"सँभाल लेंगे...It is all in the game."

सावंत राव ने कार का दरवाज़ा खोला। मालती देवी बैठ गई। कार चली गई।

45

भाऊ मालती देवी से मिलने आया था। बाहर बाग़ीचे में बैठा मालती देवी से बात कर रहा था।

"बाई, जब तुम पहली बार हमारी बस्ती में आई थी, बिजली लगवाने, हमने देखा था तेरा चेहरा खिल उठा था। लाल हो गया था। बत्ती जल गई थी। फिर पानी के नल लगवाने आई, तो तेरी गर्दन ऊँची हो गई। हम समझते थे बाई को बड़ा फ़ख्र है अपने लोगों पर। हमसे .ख़ुश है। पर नहीं...तू अपने आप पर खुश थी।"

पास में पन्ना बैठी थी। वह भी भाऊ की बात सुन रही थी।

"यह सब तूने किया पर फ़ख्र हम पर नहीं था...फ़ख्र अपनी ज़ात पर था। फिर दो साल बाद कम्बल, अनाज और किसानों के लिए बीज बाँटने के लिए आई और कहा कि वोट सावंत राव की पार्टी को देना...वहाँ से तू बिज़नेस समझ गई...तेरी दुकानदारी शुरू हो गई!"

और फिर उसने गुस्से में खड़े होकर एक सूटकेस उठाकर, खोलकर मालती देवी के सामने किया जो पैसों से भरा हुआ था।

''ये पैसे हैं, तुम्हारा दीवान देकर गया था।''

पन्ना ने भी उन नोटों को देखा। फिर अपनी माँ की तरफ़ देखने लगी। भाऊ बोला–

''ये बहुत कम हैं हमें ख़रीदने के लिए...अरे तुम क्या दुकानदारी करोगी बाई ?...तुमसे बड़ा दुकानदार वह सावंत राव है। पार्टी President के लिए तुम्हारा नाम आया था न, उसने हटा दिया। यह इलेक्शन लड़वा के तुम्हें बराबर कर देगा, वह तुमसे ज़्यादा बिज़नेस समझता है।''

मालती देवी अपनी जगह पर खड़ी हो गई और दीवान को आवाज़ दी–

''दीवान...यह रख लीजिए...!''

मालती देवी वहाँ से चली गई। भाऊ और पन्ना ताकते रह गए। भाऊ भी जाने लगा। पन्ना उसके पास पहुँच गई। भाऊ ने उससे कहा–

''जब हम छोटे थे, बड़ी इज़्ज़त करते थे बाई की। बड़ा आदर करते थे।...बाई करेगी कुछ हमारे लिए। देखा न क्या किया...?''

और हाथ के इशारे से सूटकेस को दिखाया। भाऊ ने पन्ना के क़रीब आकर एक बात कही जो कविता की तरह थी–

''तू भूली होगी, हम नहीं भूले, खपरैल पे चढ़ के स्कूल की खिड़की का काँच तोड़ा था तूने...तोड़ा था ना?''

''...वह चिंगारी हमने देखी थी।''

''हम तो गोबर के उपले हैं
हम लोग सभी

इतिहास तले चुपचाप दहकते रहते हैं
एक बार कोई
इतिहास के ढेर को आग लगाकर देखे तो
फिर बोलें हम, हम लोग सभी
गोबर के उपले क्या होते हैं!''

यह कहते-कहते भाऊ की आँखें भीग गईं, और वह वहाँ से चला गया। पन्ना वहीं भीगी आँखों से चुपचाप खड़ी उसे देखती रह गई।

46

बड़े-बड़े कटआउट मालती देवी के लगे थे। लोग चिल्लाते जा रहे थे...भीड़ मालती देवी के साथ-साथ चल रही थी।

''वोट फ़ॉर मालती देवी।''

सावंत राव गदरे के भी कटआउट लगे थे। मालती देवी एक खुली जीप में पब्लिक के सामने हाथ जोड़े निवेदन कर रही थी कि उसे वोट दें।

लाऊडस्पीकर शोर मचा रहा था मालती देवी के नाम का।

47

भाऊ अपने गाँववाले लोगों को समझा रहा था किसे वोट देना है और क्यों देना है। वह किसी जीप या गाड़ी का इस्तेमाल नहीं कर रहा था। उसकी अपनी भाषा है, अपनी बोली है।

48

मालती देवी की जीप चल रही थी। काका धोले मालती देवी की बग़ल में बैठे थे और कह रहे थे—

"मैंने तो अन्ना से कहा था...कि भाऊ का कोई इन्तज़ाम कर दो।"

49

भाऊ दलितों की बस्ती में बैठा था और उसको चारों तरफ़ से लोगों ने घेर रखा था, जिन्हें वह समझा रहा था।

50

गाँव-गाँव में मालती देवी घूम रही थीं। अब वह जीप सावंत राव चला रहा था और मालती देवी उसकी बग़ल में बैठी थीं।

"मालती बाई...यह...इलेक्शन...बहुत बड़ा इलेक्शन है।"

जीप गाँव से गुज़र रही थी। लोग उनको देख रहे थे।

51

वोट पड़ना शुरू हो गए...लोगों के हाथों की उँगलियों पर काला निशान लगाया जा रहा था।

वोट बैलेट बॉक्स में डाले जा रहे थे।

इलेक्शन में आए, लोग लोगों के नाम पूछकर लिस्ट में देखते, और फिर उनको बैलेट पेपर दिया जा रहा था।

''नाव...का...?''

''यादू...!''

बाहर मैदान में लोग लाइन में खड़े थे वोट डालने के लिए...तभी एक जीप आई जिस पर आठ-दस बदमाश बन्दूकों से लैस थे। हवा में गोली चला दी। लोगों में भगदड़ मच गई। लोग इधर-उधर भागने लगे। शायद बैलेट बॉक्स तोड़ने का इरादा रखते थे। तभी भाऊ के आदमी पहुँच गए, जिनके हाथों में बड़ी-बड़ी लाठियाँ थीं। उन गुंडों के सामने आकर डट गए...

''बन्दोबस्त ज़बरदस्त है !''

भाऊ के लोग लाठियाँ ज़मीन में ठोक-ठोककर ताल दे रहे थे।

''बन्दोबस्त है—ज़बरदस्त है
ज़बरदस्त है—ज़बरदस्त है
ख़ून की ख़ुशबू—बड़ी बदमस्त है
हमारा हुक्मरो, अरे कमबख़्त हैं
बन्दोबस्त है—ज़बरदस्त है''

भाऊ ने सामने आकर ललकारा लोगों को...जो भागते-भागते ठहर गए।

''समय बराबर कर देता है, समय के हाथ में आरी
है वक़्त से पंगा मत लेना, वक़्त का पंजा भारी है
सींग हवा के न पकड़ो, आँधी है यह न पकड़ो
जड़ों के टाँके कट जाएँगे, काल कुल्हाड़ी न पकड़ो
काल की, अरे काल की लाठी बड़ी सख़्त है

बन्दोबस्त है—हमारा हुक्मरो अरे कमबख़्त है।''

भाऊ की टोली अपनी लाठियों से ताल देती रही। गुंडे आहिस्ता-आहिस्ता खिसकने लगे।

''जो मिट्टी में उगते हैं, उनको दफ़ना के क्या होगा
जो नंगे तन जीते हैं, उनको कफ़ना के क्या होगा
दफ़न करो न मिट्टी में, जड़ें हैं अपनी मिट्टी में
मिट्टी में दिल बोए हैं, हम उगते हैं मिट्टी में कोख
की मिट्टी, अरे कोख की मिट्टी बड़ी सख़्त है
बन्दोबस्त है—ज़बादस्त है बन्दोबस्त है—हमारा
हुक्मरो अरे कमबख़्त है...''

मालती देवी अपने बूथ का दौरा करने आईं थीं और चुपचाप अपनी कार में लौट गईं।

52

बहुत बड़ी फ़ैक्टरी मि. पटेल की...मालती देवी और पटेल दोनों टेरिस पर खड़े बातचीत कर रहे थे।

''यह इलेक्शन आपको हराने के लिए ही किया गया था। सावंत राव को इसी में फ़ायदा था।''

''तो आपने दो करोड़ क्यों लगा दिए ? जब आप जानते थे कि मैं इलेक्शन हारनेवाली हूँ।''

''ठीक कहती हैं आप...सावंत राव की नीयत ज़रा देर से समझ में आई...हम तो आप दोनों को...एक ही...आप तो जानती ही हैं। लेकिन आपके बढ़ते प्रभाव से उनको ख़तरा होने लगा था।

दोनों आधे-आधे जुमलों में बात कर रहे थे लेकिन दोनों के दिलों मे एक साज़िश पल रही

थी। खुल के कोई नहीं बोलता था लेकिन दोनों एक-दूसरे की बात समझ रहे थे। मालती देवी कुछ सोचकर बोलीं–

''ख़तरा तो अब मुझे...वो चीफ़ मिनिस्टर भी हैं और Working Committee के मेम्बर भी!''

''तो आप चीफ़ मिनिस्टर के लिए क्यों नहीं...?''

''सावंत राव के होते हुए तो...? हाँ ! वो नहीं होते तो...''

''हाँ न होते तो...देख लीजिए, कहीं ऐसा न हो कि...!''

''क्या न हो कि...?''

''कौन कह सकता है, कौन क्या चाल चलता है ? कौन पहल करता है।''

''True...''

मालती देवी छत के किनारे की तरफ़ झुकीं उस छत के किनारे जिसके नीचे तेज़ाब का बॉयलर था !...

पटेल ने हाथ से उसे रोक लिया, समझाया–

''किनारे पर मत जाओ तुम...! ख़तरा तो दोनों ही को है...!''

''हूँ...''

दोनों एक दूसरे को देखकर कुछ सोचने लगे। आँखों की बात बहुत साफ़ थी। दोनों ने सिर्फ़ 'हूँ' कहकर हामी भरी

53

टी.वी. पर न्यूज़ आ रही थी। रीडर पढ़ रहा था।

''चीफ़ मिनिस्टर सावंत राव गदरे, जो इन दिनों

भीलपुर गाँव में एक किसान रैली के लिए गए हुए थे–''

इस न्यूज़ को मालती देवी बहुत ध्यान से सुन रही थीं–

''वहाँ, विश्रामगाह में एक गीज़र फटने से बुरी तरह ज़ख़्मी हो गए हैं। यह दुर्घटना शाम को चार बजे हुई, जब वो एक रैली से विश्रामगाह वापस आए थे।''

टी.वी. पर सावंत राव को ज़ख़्मी हालत में ले जाते हुए दिखाया जा रहा था।

''इस समय उनकी हालत...बड़ी गम्भीर बताई जाती है।''

Ambulance में सावंत राव को ले जाते हुए दिखाया जा रहा था। मालती देवी बेचैनी से घड़ी की तरफ़ देख रही थीं। न्यूज़ रीडर की आवाज़ आ रही थी।

''उनकी Relief Ambulance में Matching Blood group न होने की वजह से उनकी जान को ख़तरा पैदा हो गया है। प्रदेश के मन्त्री नारायण राव देशमुख ने कहा है–''

मालती देवी ने झुककर टी.वी. ऑफ़ कर दिया। तभी पास पड़े फ़ोन की घंटी बजी। मालती देवी ने धीरे से फ़ोन उठाया और कान से लगाया।

''हूँ...''

दूसरी तरफ़ उनका बेटा अरुण फ़ोन पर था।

''माँ आपको ख़बर मिली ? उनको ट्रेन से, पास के किसी बड़े शहर में ले जाया जा रहा है।''

''कौन से शहर...? कौन सा अस्पताल...?''

''पता नहीं...पता करके आपको बताता हूँ...!''

मालती देवी के चेहरे पर एक क्रोध था, बदले

की भावना थी। तभी फिर से फ़ोन की घंटी बजी। फिर रिसीवर कान से लगाया।

"हाँ पटेल साहब...!"

दूसरी तरफ़ पटेल साहब फ़ोन पर थे।

"देखिए, पाँच मिनट में Flying Express गुज़रती है। उसे रुकवाने की कोशिश की जा रही है ताकि जल्दी शहर पहुँचाया जा सके।"

"कुछ कीजिए..."

"आप फ़िक्र मत कीजिए। कारन्त है न वहाँ पर।"

कुछ सोचकर मालती देवी ने फ़ोन रख दिया।

54

रेलवे ट्रैक के पास काँटा बदलनेवाले केबिन पे एक नेता किस्म आदमी का खड़ा था...वह उस रेलवे वर्कर के पास खड़ा था जिसने down Signal को up किया था लीवर से...एक ट्रेन Flying Express खड़ी थी, ज़ख़्मी हालत में सावंत राव को Compartment में लाया जा रहा था।

एक पार्टी वर्कर भागता हुआ कारन्त के पास आया और कहने लगा–

"कारन्त साहब, बहुत ख़ून बह रहा है, अगर यही हालत रही तो अन्ना नहीं बचेंगे।"

"क्या करें...?"

कारन्त वहीं खड़ा था जहाँ से Signal down किया जाता था। एक आदमी लाल झंडी लिये बैठा था। कारन्त बोले–

"सामने से Clearance मिले तब न..."

"पर वह...!"

वह आदमी खड़ा हुआ दूर खड़ी ट्रेन को देख रहा था जिसमें सावंत राव को रखा था।

55

पटेल साहब फ़ोन कान पर लगाए हुए थे। दूसरी तरफ़ बेचैन मालती देवी फ़ोन पर कान लगाए खड़ी थी।

56

कारन्त को भागकर आते हुए वर्कर के अन्दाज़ से पता चल रहा था, सावंत राव का अन्त हो गया। कारन्त ने रेलवे वर्कर को Signal down करने का इशारा किया और Signal down हो गया। अब ट्रैक क्लीयर था।

57

आदि पन्ना को सारी बातें इस घटना के बारे में बता रहा था जहाँ वह नहा चुकी थी।

"जब तक ख़ून बहता रहा, Signal नीचे नहीं किया गया...सारा का सारा प्लान था...स्कीम थी जिसमें पटेल साहब, तुम्हारी माँ, और तुम्हारा भाई भी शामिल था...मालती बाई का वह इलेक्शन हारना, सावंत राव को महँगा पड़ गया...खेल की चालें

बदल रही थीं। नई ताकतों के गठजोड़ तैयार हो रहे थे। अब कौन रोक सकता था मालती बाई को... बस...एक ही काँटा रह गया था...भाऊ..."

इससे आगे के वाक़्यात पन्ना भी जानती थी।

58

सावंत राव की मौत हो चुकी थी। चौथा मनाया जा रहा था। उनकी पत्नी अपने बेटे, बहू और पोते के साथ सावंत राव की तस्वीर के पास बैठी थी।

मालती देवी अपने बेटे अरुण के साथ खड़ी थी। दूसरी तरफ़ पटेल साहब कुछ पार्टी के लोगों के साथ खड़े थे। लोग यहाँ मातम मनाने नहीं आए थे, सिर्फ़ दिखावा था...अपनी-अपनी चालें चलने आए थे। एक तरफ़ पंडितजी गीता का पाठ कर रहे थे, लोग आकर सावंत राव की फ़ोटो पर फूल चढ़ाकर जा रहे थे। पटेल और पार्टी के कुछ लोगों में सरगोशियाँ चल रही थीं।

पटेल ने राय दी।

"मालती बाई, अन्ना के बाद सँभाल सकती हैं। उन्हें फ़ौरन चीफ़ मिनिस्टर चुन लेना चाहिए...!"

कारन्त ने भी हामी भरी।

"इससे पार्टी की परम्परा कायम रहेगी। मीटिंग बुलाकर उन्हें सर्वसम्मति से चुन लेते हैं।"

तभी पार्टी के एक आदमी ने कहा—

"धीरज भाई की तरफ़ से एतराज़ हो सकता है।"

पटेल ने सोचते हुए कहा—

"हूँ...मैं आज शाम को उन्हें घर से बुला के निपटा लेता हूँ। जो मिनिस्टरी चाहिए दे देंगे।"

कारन्त ने अन्देशा ज़ाहिर किया।

"डिप्टी सी.एम. से कम पर समझौता नहीं करेगा।"

दूसरी तरफ़ स्टेज पर सावंत राव की पत्नी अपने पोते के साथ बैठी थी। और सावंत राव के एक साथी ने समझाया—

"भाभीजी...आप तो Legal wife हैं। आपको... आपका हक़ मिलना ही चाहिए...चीफ़ मिनिस्टरशिप के लिए..."

"देखिए भाई सहाब...मुझे तो राजनीति के बारे में कुछ भी मालूम नहीं...मैं क्या जानूँ राजनीति।"

"वह जानना ज़रूरी थोड़े है। यहाँ लोग यात्रा पर जाते हैं तो पीछे बीवी को बिठा जाते हैं। कुर्सी सँभालने के लिए। आप आवाज़ तो उठाइए...हम सब आपके साथ हैं।"

कुछ सोचकर सावंत राव की पत्नी ने अपने ग्यारह साला बेटे के सिर पर हाथ रखा और कहा—

"इसे बना दीजिए...इसे बहुत शौक है चीफ़ मिनिस्टर बनने का...!"

दूसरी तरफ़ पुलिस ऑफ़िसर जे.डी. आए और मालती देवी के पास खड़े हो गए। गीता पाठ चल रहा था। जे.डी. ने सरगोशी में ही कहा—

"जी चलता हूँ..."

उसी सरगोशी के लहजे में मालती देवी ने पूछा—

"भाऊ का क्या किया आपने...जे.डी. ?"

"देखता हूँ कुछ...कर रहा हूँ..."

"मेरा इलेक्शन छीनकर वह...ऐसे कैसे चैन की नींद सो सकता है। इन लोगों ने आज मुझे चुन भी लिया, तो वह मुसीबत करेगा...मैं अन्ना की Constituencey से फिर इलेक्शन लड़ूँगी...और उन्हीं के नाम पर..."

तभी एक आदमी सामने से गुज़रा। मालती देवी ने हाथ जोड़कर प्रणाम किया। वह सभा में जाकर बैठ गया।

"हाँ करना भी वही चाहिए...इस बार तो Sympathy Vote मिलने के Chances हैं।"

"आप तैयारी कीजिए।"

"जी..."

हाथ जोड़कर मालती को नमस्कार किया और जाने लगा। तभी मालती देवी बोल पड़ीं–

"याद रहे...भाऊ के इलाक़े में मैं किसी को दो टाँग पर चलते हुए नहीं देखना चाहती, Remove him. न रहे बाँस न बजे बाँसुरी।"

यह सुनकर मालती देवी का बेटा जो पीछे खड़ा था, बोल पड़ा–

"Not here mom...आहिस्ता बोलो।"

"जी..."

जे.डी. ने हाथ जोड़कर फिर से प्रणाम किया और वहाँ से चला गया।

59

पन्ना भाऊ के क़स्बे में आई थी। एक गली से दूसरी गली में आई तो क्या देखा कि एक आदमी जमादारों की तरह मुँह पर कपड़ा ढके हुए, फावड़े से गन्दी नाली साफ़ कर रहा था। पन्ना अपने मुँह को ढँककर बदबू से बचा रही थी। फिर उस आदमी से पूछा–

"भाऊ का घर कौन सा है?"

भाऊ ही वह आदमी था। मुँह को ढँका हुआ

था, इसलिए पन्ना ने पहचाना नहीं। लेकिन भाऊ ने पन्ना को पहचान कर मुँह पर ढँका हुआ अँगोछा हटाया तो पन्ना ने उसे पहचान लिया। बड़ी .ख़ुशी से कहा–

''भाऊ...!''

''भाऊ से क्या काम आन पड़ा...?''

''ऐसे ही आ नहीं सकती...? एक बार बुलाया भी तो था, आपने...''

''हाँ बुलाया तो था...लेकिन मेरे कहने से तू आ जाएगी,...मैं नहीं मानता...!''

भाऊ ने पन्ना का हाथ पकड़कर नाली की दूसरी तरफ़ खींच लिया और पूछा–

''क्या हुआ...?''

''हवा में उड़ती-उड़ती बड़ी-बड़ी ख़बरें सुन रही थी। इसलिए बस...देखने चली आई।''

''अरे तेरे भाऊ को कुछ नहीं होगा...अभी कुछ ही दिनों में चीफ़ मिनिस्टर बन रही है अपनी बाई, फिर फ़िकर काहे की।''

यह सुनकर पन्ना भाऊ के भोलेपन को देखती रही। भाऊ फिर से नाली साफ़ करने लगा और पन्ना से कहा–

''चल मुँह ढँक ले...गन्द उड़ेगी।''

''यह आप क्या कर रहे हैं ?''

''अपनी गली की सफ़ाई कर रहा हूँ।''

''तो आप क्यों ?...कोई और नहीं है ?''

''क्योंकि मैं अपनी गली का सबसे अच्छा भंगी हूँ !''

''तो...मैं हाथ बटाऊँ ?''

''नहीं...''

पास खड़े सफ़ाई करते हुए आदमी से कहा–

"ए फुकनिया...यह यहाँ से साफ़ कर दे..."

और भाऊ पन्ना को साथ लेकर घर की तरफ़ चल पड़ा।

60

घर में भाऊ की बहन शांति, गन्दे कपड़ों को एक तरफ़ रख रही थी। भाऊ पन्ना को साथ लिये आ गया। शांति उन दोनों को देखने लगी।

"शांति...ये देख पुलिसवाले आ गए।"

भाऊ ने पन्ना की तरफ़ इशारा किया।

"पन्ना...!"

पन्ना को देखकर शांति ने पूछा–

"पन्ना नाम है न तुम्हारा?"

भाऊ ने जवाब दिया।

"हाँ...!"

"मालती बाई ची मुलगी *(मालती बाई की लड़की)*?"

पर भाऊ ने कहा–

"हाँ...यह मेरी छोटी बहन है...है तो छोटी लेकिन जब से मेडिकल ज्वायन किया है, बड़ी हो गई है। डाँटती रहती है।"

"यह तो बहुत गोरी है।"

भाऊ और शान्ति की रंगत में फ़र्क था। वह गोरी थी और भाऊ उतना ही काला। भाऊ हँस के बोला–

"हाँ, जब मैं पैदा हुआ तो ज़्यादा ही भुना हुआ था। इसलिए..."

यह सुनकर शांति बोल पड़ी–

"तो क्या मैं कच्ची पैदा हुई थी ?"

भाऊ हँस पड़ा। शांति बोली–

"ए, भाऊ बंडी उतार, मैं नदी पे जा रही हूँ कपड़े धोने।"

"नहीं बंडी रहने दे...अरे इतनी प्यारी बच्ची घर में आई है, इसका चाय-पानी-नाश्ता कौन बनाएगा !"

इतना कहते-कहते भाऊ वहीं पड़ी चारपाई पर बैठ गया।

"ए भाऊ...तू ही एक दो भाकरी बना दे ना..."

"लो..."

शान्ति बोली–

"यह हमारा भाऊ ऐसा ही है, गली में नाच-गा लेता है, समझता है बहुत बड़ा काम करता है। वैसे कान्दे *(प्याज़)* वाली भाकरी बहुत अच्छी बनाता है भाऊ मेरा..."

"चल चल, यह मक्खन-वक्खन मत लगा, जा इसे भी ले जा, धुलाई सिखा...जा..."

"चलेगी...?"

पन्ना से शांति ने पूछा तो भाऊ ने भी उसकी तरफ़ देखकर पूछा–

"जाना है...?"

"चल न घूम के आएँगे..."

पन्ना ने हाँ में सिर हिलाकर कहा–

"चलो..."

"जा...तब तक नाश्ता बना के रखता हूँ।"

पन्ना बड़ी बेतकल्लुफ़ी से उस परिवार में रच गई। कितने सरल लोग थे। शांति और पन्ना घाट की तरफ़ चली गईं, भाऊ उन्हें जाते हुए देखता रहा।

61

गाँव की बस्ती का माहौल, रात का वक़्त था। आसमान में चाँद निकला हुआ था। एक ढोलकीवाला डफ़लीवाले के साथ लय मिला रहा था। चूल्हे पर बैठी शांति चाँद को देखकर बोल पड़ी—

निकला...
नीम के तले से निकला।

साथी लड़की ने भी साथ दिया।

राहू के गले से निकला।

यह सुनकर पन्ना कमरे से निकली जो महाराष्ट्र का लिबास पहने हुई थी। भाऊ ने ऊपर देखा और बोल पड़ा—

हो निकला...
नीम के तले से निकला
हो निकला
राहू के गले को निकला।

पन्ना भी कमरे से निकल आई थी...उसने भी गाकर तुक मिलाई—

पीतल की थाली से
पीपल की डाली से
गोल-गोल चाँद फिसला
हो निकला...

पास बैठी काम करती दो और लड़कियों ने बोल उठाए—

बादलों के ढेर में पड़ा था
गीला-गीला...भीगा सा खड़ा था
शाम के तलाव में नहा के
मैंने जो उठाया, उठाकर

अपनी अँगूठी में जड़ा था
हाथ से गिरा, घूमता फिरा
पगला...निकला

बस्तियों में शाम के वक़्त जलते हुए चूल्हों में लोग इसी तरह तुकबन्दी करते हैं और लोकगीत गाते हैं। पन्ना इस माहौल में बड़ी मुतमइन लग रही थी। भाऊ ने अपनी तरह की तुक लगाई—साथ शांति और पन्ना ने दिया।

नौकर है वर्दी पे धब्बे हैं तेल के
कारख़ाने से निकला...

रात का डकैत है, चोर है
सुबह से कतराता है

चोर नहीं डरपोक है
सुबह से कतराता है
कितने अँधेरे निगले हैं
रोशनी से घबराता है

जाने क्या सोचकर पन्ना की आँखें भीग गईं भाऊ ने देख लिया।

पगली है रे पन्ना
मन का मदारी है
दिल का शिकारी है
अरे चाँद बड़ा पगला
पगला...
नीम के तले से निकला...

62

दो-एक रोज़ बाद की बात है शायद...

गाँव के लोग कबड्डी खेल रहे थे। भाऊ पेड़ की छाँव में बैठा इस खेल को देख रहा था और बीच-बीच में बोल पड़ता था। पन्ना भी इसी खेल को देखने के लिए आ गई।

"धर-पकड़...ये गणपति बाप्पा शाबाश..."

तभी पन्ना खेलनेवाले लड़कों के लिए नाश्ता बनाकर ले आई। भाऊ ने हाथ में एक मुर्ग़ा पकड़ रखा था। पन्ना भाऊ के क़रीब गई।

"आ...बैठ ना..."

भाऊ के हाथ का मुर्ग़ा फड़फड़ाने लगा।

"अरे...अरे चिल्लाने से कुछ नहीं हो सकता। तेरा-मेरा एक ही Future है।"

"मतलब...?"

"दोनों की गर्दन जाएगी एक दिन..."

"आपको डर नहीं लगता ?"

"किससे ?...Non-Vegetarian से ?"

"नहीं..."

"फिर...?"

"पॉलिटीशियन से।"

"अरे उनसे क्या डरना ? वो खुद ही इतने Insecured हैं। यही सब किया करते हैं। यह देख क्या है ? पता है ?"

पन्ना कहीं खोई थी, फिर कुछ सोचकर बोली–

"कबड्डी..."

"हाँ...हमारे यहाँ इसे 'हू तू तू' बोलते हैं। यही सब किया करते हैं सियासतदान ! गद्दी पर बैठकर उठा, धर, पटक, खींचातानी, इसकी टाँग खींच, उसका हाथ

मरोड़, इसको बिठा, उसको उठा...! यह हमारा National game होना चाहिए, नहीं...?''

''वह तो है...!''

''है ? कितना सही गेम चुना है हमने...और उन गाँववालों की तरह सारा हिन्दुस्तान बैठा, उनका 'हू तू तू' देख रहा है। चुपचाप। पिछले पचास सालों में हमारे देश ने सिर्फ़ मन्त्री और मिनिस्टर पैदा किए हैं। एक नेता पैदा नहीं किया...!

''वो कैसे पैदा होते हैं ?''

''Faith, विश्वास, आस्था। You must believe in what you do.''

''जैसे जोशी मास्टर...?''

भाऊ कुछ सोचकर अपनी दोनों हथेललियों को बजाकर बोला–

''मैं कल से याद कर रहा था, मैंने तुझे पहली बार कहाँ देखा था...जोशी मास्टर के यहाँ।...तेरा दोस्त भी आया था ना वहाँ...कहाँ है वह...?''

यह सुनकर पन्ना की आँखें भीग गईं, वह चुप रही।

''क्या नाम है उसका...?''

''आदि...''

''आईं...?''

''आद...आदित्य''

यह कहकर मुँह दूसरी तरफ़ फेर लिया।

''अच्छा है ना वह ?''

पन्ना ने कुछ जवाब नहीं दिया। सिर्फ़ नम आँखों से भाऊ को देखा। भाऊ दर्द को समझ गया और धीरे से पन्ना के गालों पर चपत लगाया।

''ए...याद आ गया।''

तभी भाऊ को किसी ने दूर से आवाज़ लगाकर बुलाया।

"आया मैं..."

भाऊ चला गया। पन्ना ने अपना चेहरा दूसरी तरफ़ फेर लिया। और उसके चेहरे पर आदि की वही आवाज़ उभर गई–

इतना लम्बा कश लो यारो

दम निकल जाए...

पन्ना की आँखों से आँसू निकल पड़े।

63

अगली सुबह की बात है...भाऊ के घर पुलिसवाले खड़े थे। जैसे उसे पकड़ने आए थे। एक इंस्पेक्टर ने दरवाज़े को खटखटाया। अन्दर से शांति निकली, उससे पूछा–

"भाऊ है...?"

"नहीं..."

"यही घर है उसका...?"

"हाँ..."

"पन्ना आई थी यहाँ ?...मालती बाई की बेटी..."

तभी बाहर की तरफ़ से पन्ना आई और पूछा–

"कौन है ? क्या है ?"

"तुम्हारी माँ ने बुलाया है। वापिस लाने को कहा है।"

"उसके लिए पुलिस भेजने की क्या ज़रूरत थी ?"

"बोला सीधी तरह न आए तो पकड़ के घर लाना।"

"ऐसे कैसे ले जाएँगे...ज़बरदस्ती है क्या...? मैं

अपने आप आई हूँ...कोई उठा के नहीं लाया मुझे।''

लेडी इंस्पेक्टर इतना सुनकर बोली—

''यह घर जाकर बताना...!''

यह कहकर उसने पन्ना का हाथ पकड़ लिया, पास खड़ी एक औरत आगे बढ़ी और लेडी इंस्पेक्टर से पन्ना का हाथ झटकते हुए कहा—

''ए...छोड़ इसे...हाथ नहीं लगाना इसे...पीछे हट...''

और लेडी इंस्पेक्टर को धक्का दिया। तभी शांति जो पास खड़ी थी बोल पड़ी—

''पन्ना...''

पन्ना शांति के करीब चली गई।

''चली जा, झगड़ा बढ़ाने का कोई फ़ायदा नहीं।''

''भाऊ कहाँ है...?''

''वह कल रात दवाख़ाने गया था, किसी मरीज़ को देखने, अभी तक नहीं आया।''

पन्ना ने कुछ सोचकर पास पड़ा दुपट्टे उठा लिया और पुलिस के साथ चल पड़ी। अभी दो-चार गलियाँ पार की थीं कि सामने से भाऊ आ गया। पन्ना को इस तरह पुलिस के साथ जाते हुए देखकर कहा—

''पन्ना...?''

पन्ना रोते हुए भाऊ के गले लग गई।

''क्या है...?''

''माँ ने बुलाया है...इस तरह, इस तरह बेइज़्ज़त करके मुझे...पुलिस भेजकर...''

उसकी आवाज़ रुँध गई। भाऊ की आँखें भी नम हो गईं। पुलिसवालों की तरफ़ इशारा करके बोला—

"बाई अपनी ऐसी ही है...बहुत गुस्सेवाली...!"

पन्ना पुलिस के साथ अपने घर लौट गई।

64

हॉस्पिटल के कमरे में पन्ना अपने पिता के बेड के क़रीब बैठी थी। पिता अपने चेकअप के लिए आए थे, कहने लगे–

"तुम्हारी माँ चीफ़ मिनिस्टर बन गई है। सुना है बहुत बड़ा Civic Reception होनेवाला है। बड़ी तैयारियाँ चल रही हैं, पन्वेल में। अरे बोलती क्यों नहीं ?...कुछ नहीं हुआ है मुझे...कुछ नहीं... सीरियस कुछ नहीं है। सिर्फ़ चेकअप के लिए आया हूँ बस...घबरा मत...मत घबरा।

पन्ना कुछ नहीं बोली, सिर्फ़ अपने आँसुओं को पोंछती हुई कमरे से बाहर चली गई। पिता देखते रह गए।

65

पन्ना हास्पिटल के कॉरीडॉर में आई। मालती देवी कुर्सी टेबल पर बैठी फ़ाइल पूरी कर रही थीं। तभी पन्ना पर नज़र पड़ी जो उनके पास आकर खड़ी हो गई थी। उससे कहा–

"कॉफ़ी दे...डाल दे..."

पन्ना कप में थर्मस से कॉफ़ी डालने लगी और कहा–

"माँ...मैं बापू को लेकर जा रही हूँ।"

"कहाँ...."

"गाँव...शिवड़ी !...गुड़चक्कीवाले घर...!"

मालती देवी ने बेटी की तरफ़ देखा।

"अब क्या रखा है वहाँ...?"

"दीवारें हैं ना...दीवारों पे उगी घास है। उसकी जड़ें हैं, सूखी ही सही उन्हें पानी दूँगी।"

माँ ग़ौर से पन्ना की तरफ़ देखने लगी।

"तुम्हारे अन्दर भाऊ कब से बोलने लगा है?"

"जब से भाऊ मेरे अन्दर बसने लगा है।"

गुस्से में मालती देवी बोल पड़ीं—

"That bastard...has got..."

"माँ...आप भी मेरी तरह की ज़बान बोलने लगीं?"

मालती देवी ने अपने गुस्से को कंट्रोल किया और चुप हो गईं।

66

गाँव में गुड़चक्कीवाली जगह बर्वे—पन्ना के पिता—कुएँ से पानी निकाल रहे थे। हाथ-मुँह धोने की कोशिश कर रहे थे। पन्ना एक हाथ में गन्ना लिये हुए आ गई और पिता के हाथ-पैर धोने में मदद करने लगी। कुएँ में झाँककर बोली—

"हमारा कुआँ तो साफ़ है अभी तक।"

"अच्छा लगता है ना...?"

"बहुत ही अच्छा लगता है।"

"तू तो अपने घर गई नहीं, पर मैं अपने घर लौट आया।"

बाप-बेटी बातचीत करते हुए घर की तरफ़ चल दिए।

"आपको तो मैं ले आई...आपके मायके।"

बाप बेटी हँस पड़े।

"उठा के ले आई तू मुझे...वरना...दौड़ के आ जाने की ताक़त अब नहीं थी मुझमें।"

पास पड़ी चारपाई पर बर्वे को बिठाया और पन्ना ने कहा—

"बापू...आप को लगता है कि हम कट गए माँ से..."

"हाँ...मैं तो बहुत पहले ही टूट चुका था। सिर्फ़ एक लटके हुए अंग की तरह रह गया था मैं उसके साथ। पोलियोवाला हाथ होता है ना...वैसा।"

"और मैं...?"

"तू...तू तो जुड़ी ही नहीं...पता नहीं क्या था, बचपन से ही माँ पर विश्वास नहीं किया तूने।"

"बापू तुम सब कुछ चुपचाप देखते रहे, न्याय, अन्याय, कभी कुछ कहा नहीं...क्यों बोले नहीं, क्यों ?"

"मैं..."

पन्ना आकर पिता के करीब बैठ गई। पिता की ख़ामोशी को पढ़ने की कोशिश की।

"क्या कहने लगे थे बापू..."

"मैं...मैं बहुत शर्मिन्दा हूँ बेटा...खुद से कह नहीं सका, मान नहीं सका कि सावंत राव ने मेरा घर तोड़ दिया...एक दिन उसने मुझे ताना दिया था तो मैं कह नहीं सका कि मैं जानता हूँ।"

"क्या...क्या बापू...?"

"मैं जानता हूँ कि...मैं जानता हूँ कि अरुण मेरा बेटा नहीं है, फिर भी मैंने उसे पाला तो है ना।"

एक ऐसी सच्चाई जो पिता ने अपनी बेटी से कही...और बेटी यह सुनकर चौंक गई। पिता रोने लगे, बच्चों की तरह, एक पिता का दर्द,

एक पति का दर्द, उसके सामने सारे गुनाह होते रहे और वह चुप रहा।

"बापू..."

पन्ना भी पिता के कन्धे से लगकर रोने लगी।

67

गाँव के घर में खपरैल पर चढ़ी पन्ना टी.वी. का एंटेना ठीक कर रही थी और वहीं से चिल्लाकर पूछा–

"मधु...आई पिक्चर..."

नौकरानी मधु भी गाँव लौट आई थी, उन्हीं के साथ। बोली–

"नहीं आई..."

67A

पन्ना छत से उतरकर नीचे घर में आ गई।

पन्ना Black & White T.V. ठीक कर रही थी।

"फिर से चली गई पिक्चर।"

"हाँ..."

फिर T.V. में पिक्चर आ गई।

"ले...अब तू देख।"

पन्ना टी.वी. ठीक करने लग गई। तभी न्यूज़ चैनल में देखा किसी बस्ती में आग लगी है। बस्ती पहचानी हुई लग रही थी। पन्ना ने ग़ौर से देखा तो वहाँ पर भाऊ की बहन शांति नज़र आई।

"अरे...शांति ! आग लगी है...भाऊ की बहन..."

तभी पीछे से पिता आ गए और उन्होंने पूछा–

"क्या...?"

पन्ना खड़ी होकर पिता को बताने लगी।

"बापू, यह न्यूज़ अभी टी.वी. में दिखा रहे थे ना, आग लगी थी बस्ती में, वह भी भाऊ की बस्ती में..."

"भाऊ की बस्ती में आग ? कब लगी आग...?"

"कल या परसों...यह तो अभी दिखा रहे हैं। पता नहीं...I don't know."

"अच्छा...तू जाना चाहती है...?"

"जाऊँ ?...देख के आ जाऊँ क्या ?"

"ठीक है जा तू...मधु को साथ में ले जा...अकेले मत जाना।"

"हूँ..."

"और अपना ख़्याल रखना बेटा..."

जल्दी से वैसे के वेसे ही पन्ना निकल गई। बर्वे टी.वी. न्यूज़ देखने बैठ गए।

68

पन्ना घर से बाहर आई और बाहर खड़ी जीप में मधु को साथ लेकर रवाना हो गई। जैसे ही गली के बाहर निकली, उसके पीछे दूर खड़ी एक-दूसरी कार भी चल पड़ी। कच्चे-पक्के रास्ते से होती हुई एक पतली सी तंग सी सड़क पर पहुँच गई। दोनों तरफ़ एक कटी हुई पहाड़ी थी। आगे एक बैलगाड़ी जा रही थी जो रुक गई। पन्ना गुस्से से जीप से उतरकर बैलगाड़ीवाले के पास गई।

"अरे बीच रास्ते में रोक के क्यों रखा है। आगे चलो ना..."

गाड़ीवान कुछ कहे उससे पहले, भूसे में छिपे कुछ आतंकवादी कूद पड़े और पन्ना को दबोच लिया। फिर मधु को भी उठा लिया और जीप में आग लगा दी। देखते-देखते एक और गाड़ी आतंकवादियों के वहाँ पहुँच गई।

69

पन्ना और मधु की आँखों पर पट्टी बाँधे हुए उसे किसी टूटे-फूटे घर में ले जाया जा रहा था, जो चारों तरफ़ पहाड़ियों से घिरा हुआ था।

70

मालती देवी पुलिस की मीटिंग में आईं जहाँ पर देश के बहुत से पुलिस ऑफ़िसर बैठे थे। सब ऑफ़िसर्ज़ को अपनी बेटी, जो किडनैप हो गई थी, उसके बारे में बता रही थीं।

"I think you are aware as to why I have called this emergency meeting tonight."

"Yes Madam."

"मैंने इतनी रात को आपको बुलाया है वह...उसकी वजह आप जानते हैं !"

पुलिस एक और जगह 'जोशी मास्टर' को उनके घर से पकड़कर ले जा रही थी। बस्ती के सभी लोग ख़ामोशी से देखते रहे।

71

पन्ना और मधु एक कमरे में बन्द थीं। पन्ना उनकी बातें सुन रही थी, जिसमें वो लोग जोशी मास्टर के पकड़े जाने की बात कर रहे थे। यह सुनकर पन्ना ने उनसे पूछा—

"सुनो...बाहर क्या हो रहा है, बहुत आवाज़ें आ रही हैं।"

चौकीदारी पर बैठा आदमी समझ नहीं पाया। वह इधर-उधर देखने लगा।

"देखना तुम्हारा आदमी आ गया है शायद...?"

तभी सीढ़ियों पर से एक आदमी तेज़ी से भागता हुआ आया। उसके हाथ में गन थी। पन्ना ने उससे पूछा—

"जोशी मास्टर को क्या हुआ...?"

"जानती हो उन्हें...?"

"क्या हुआ उन्हें...?"

"जेल में आत्महत्या कर ली, बोलते हैं...मसखरी है क्या, उल्लू बनाते हैं। साले पुलिसवाले, मार के लटका दिया होगा।"

"जेल में किसने डाला उन्हें...?"

"और कौन डालेगा...?"

यह सुनकर पन्ना समझ गई कि यह सब उसकी माँ ने करवाया है।

72

अस्पताल में जोशी मास्टर की लाश वार्डन लेकर जा रहे थे। डॉक्टर ने पुलिस ऑफ़िसर से कहा—

''बॉडी को मोर्ग में रखवाने के लिए भेज रहे हैं क्योंकि पोस्टमार्टम कल सुबह ही होगा।''

''ठीक है।''

इन लोगों के सामने से जोशी मास्टर की लाश ले गए।

73

रात का वक़्त था। मधु और पन्ना सो रही थीं। तभी तीन-चार लड़के हाथों में बन्दूक लिये कमरे में तेज़ी से आए। एक लड़के ने पन्ना और मधु को देखा। दूसरे लड़के ने मधु की तरफ़ इशारा किया।

''क्या नाम है तुम्हारा...?''

''*(घबराकर)* मधु...रानी।''

''चलो उठो...तुम्हें घर भेजना है...''

मधु घबरा गई। मराठी में बोल पड़ी—

''नहीं...नहीं मी नाही जानार...मी पन्ना के साथ रहनार...''

पन्ना ने पूछा—

''कहाँ भेजना है...?''

''घर भेजना है, वापस...ज़रूरी सन्देश देना है बाई को।''

''कौन बाई...?''

''Don't you know...?...उठाओ इसे...चलो...''

ज़बरदस्ती मधु को उठा लिया गया।

''यह जाएगी नहीं तो हमारा ज़रूरी सन्देश कौन लेकर जाएगा?''

''मुझे नहीं जाना है ! पन्ना...''

वो लोग मधु को ज़बरदस्ती लेकर चले गए। एक लड़के ने पन्ना को रोक रखा था। वो लोग मधु को लेकर जंगल के अन्दर गए। पन्ना वक़्त की नज़ाकत को समझ गई थी। थोड़ी देर बाद ही एक गोली की आवाज़ आई...पन्ना ने चीख़कर अपने मुँह पर हाथ रख लिया। उसकी समझ में आ गया। मधु को बाहर ले जाकर गोली मार दी गई थी।

74

समन्दर के किनारे पर छोटी सी नाव में मधु का मरा हुआ शरीर पड़ा हुआ था। शरीर ख़ून से लथपथ था, कुछ दूर खड़ी मालती देवी पुलिस के साथ देख रही थी।

(सारी कड़ियाँ जुड़ चुकी थीं। मधु की मौत के बाद पन्ना को वहाँ लाया गया था, आदि मिला था।)

75

नहा-धोकर पन्ना तैयार हो चुकी थी, जब पन्ना को एक तहख़ाने में लाया गया। जहाँ उसने भाऊ को देखा, दो लड़के भाऊ को उठाए हुए थे। भाऊ अपने पैरों पर चल नहीं सकता था। उसकी आँखें तो खुली थीं पर वह किसी को पहचान नहीं रहा था। मुँह से राल टपक रही थी। पन्ना उसके क़रीब आई।

"भाऊ...भाऊ..."

दो बार उसको बुलाया। यह वही भाऊ था जो हँसता था, गाता था, प्यार करता था। पन्ना यह देखकर दंग रह गई। भाऊ की यह हालत किसने की और क्यों की ? भाऊ को दूसरे लोगों ने ले जाकर दीवार के सहारे बिठा दिया। पन्ना उसके क़रीब गई। उसके चेहरे को पकड़कर बुलाने लगी।

"भा...भाऊ..."

भाऊ सिर्फ़ एक ज़िन्दा लाश की तरह पड़ा था। आदि लँगड़ाता हुआ धीरे-धीरे पन्ना के पास आया और फिर कुछ सोचकर कहा–

"बताओ...कैसे भेजूँ तुम्हें ?...इस तरह आधा मरा या पूरा मार कर।"

पन्ना ने आदि की बात नहीं सुनी। वह तो सिर्फ़ भाऊ को जगाने की कोशिश कर रही थी।

"भाऊ...भाऊ...भाऊ..."

"मत कोशिश करो...अब कुछ नहीं होगा इसका! Electric Shock दे-देके गोबर का उपला बना दिया है इसे!"

अचानक पन्ना को भाऊ की कही कविता याद आई जो उसने कभी सुनाई थी–

'हम तो गोबर के उपले हैं
हम लोग सभी...
इतिहास तले चुपचाप सुलगते रहते हैं
एक बार कोई इतिहास के ढेर को आग लगाकर देखे तो...'

पन्ना भी उन्हीं लाइनों को दोहराने लगी–

'फिर बोले हम लोग सभी, गोबर के उपले क्या होते हैं !'

और पलट कर आदि से कहा–

''भेज दो मुझे भी...बिल्कुल इसी तरह बना के...भेज दो...मैं जानती हूँ, किसने किया है। माँ ने, मेरी माँ ने भाऊ को...''

''माँ ने नहीं...माँ-बाप जैसे बड़े-बड़े नाम मत दो उन्हें...क्या मैं नहीं जानता मास्टर जोशी को किसने ख़त्म किया...यह सत्ता है सत्ता, सत्ता का नशा... और इसे ख़त्म करने के लिए कोई अवतार नहीं उतरेगा ऊपर से, इसका अन्त हमें ही करना होगा...अपना ख़ून बहाके !''

आदि की कही बातें पन्ना के अन्दर उतरने लगीं। आदि ने अपने दूसरे आदमी से कहा–

''भाऊ को गाँव तक पहुँचा दो। इन्हें मैं जलसे तक पहुँचा कर आऊँगा।''

अचानक पन्ना के चेहरे के तेवर बदल गए। आदि से कहा–

''ऐसे नहीं...अब ऐसे नहीं जाऊँगी...मैं ! अब उस तरह ले जाओगे मुझे जैसे मैं कहूँगी।''

पन्ना ने आदि की आँखों में आँखें डालकर देखा। एक चिंगारी सुलग रही थी। देर तक दोनों टकटकी बाँधे एक-दूसरे को देखते रहे।

76

आतंकवादियों के छिपने की जगह पर सभी लड़के हाथों में बन्दूकें लिये चुस्ती से खड़े थे। तभी सीढ़ियों से आदि उतरा। उसने अपना पहनावा महाराष्ट्र के किसान जैसा बना रखा था। सिर पर बड़ी सी पगड़ी और कुरता-पाजामा पहना

हुआ था। उसके बाद सीढ़ियों से पन्ना उतरीं, उसने भी गाँव की औरतों जैसे कपड़े पहने थे।

"पन्ना...आ जाओ...पन्ना..."

पन्ना के करीब आदि आया और दीवार से थोड़ी सी कालिख निकालकर पन्ना के गाल के पास लगा दी। जैसे बच्चे को माँ लगाया करती है कि कहीं उसे नज़र न लग जाए।

"बहुत अच्छी लग रही हो..."

पन्ना ने हल्की सी मुस्कुराहट से आदि को देखा। आदित्य आगे चल पड़ा, उसके पीछे-पीछे पन्ना।

77

पन्वेल के एक बहुत बड़े मैदान में मालती देवी के सिविक रिसेप्शन की तैयारियाँ चल रही थीं। स्टेज पर बहुत से अहम कारकुन नज़र आ रहे थे। पंडाल लगा हुआ था। गाँव के लोग बैलगाड़ियों से अपनी चीफ़ मिनिस्टर मालती देवी को देखने और सुनने आ रहे थे। पुलिस का ज़बरदस्त इन्तज़ाम था। पुलिस के कुत्ते इधर-उधर सूँघते घूम रहे थे। पुलिसवाले वायरलैस से बातचीत कर रहे थे। धोले काका ने एक लेडी वर्कर से पूछा।

"सब इन्तज़ाम कर लिया...?"

"हाँ..."

"एक बार फिर चेक कर लेना।"

एक तरफ़ मीडियावाले अपने कैमरों के साथ खड़े थे। मैदान तक़रीबन भर चुका था। उसके बावजूद भीड़ चली आ रही थी। पुलिसवाले

मुस्तैदी से इधर-उधर देख रहे थे। Security के पूरे इन्तज़ाम किए गए थे।

दूर बैलगाड़ियों के कई क़ाफ़िले आ रहे थे। लोगों से भरे हुए। एक बैलगाड़ी में आदि और पन्ना बैठे थे। वैसे उनको पहचानना मुश्किल था। उनकी बैलगाड़ी पंडाल की तरफ़ बढ़ गई।

आतंकवादी लड़के भी एक बैलगाड़ी से पंडाल की दूसरी तरफ़ उतरे।

"बस...बस यहीं रोकना...और तुम यहीं आस-पास ही रहना, ठीक है।"

आतंकवादी लड़के बैलगाड़ी से उतरकर भीड़ में गुम हो गए। आदि और पन्ना भी बैलगाड़ी से उतरे। इधर-उधर देखा और वहाँ पहुँचे जहाँ से मालती देवी गुज़रेगी।

आतंकवादी लड़कों ने भीड़ में अपने आपको पुलिस से छिपाते हुए एक घेरा बना लिया था। मेन गेट पर काफ़ी Security थी। औरतें मालती देवी के स्वागत के लिए खड़ी थीं।

आदि ने Security को देखते हुए पन्ना से कहा—

"इस गेट पर तो Security बहुत ज़्यादा है।"

"हूँ..."

"चलो..."

और ये दोनों लोग अपने आपको छिपाते हुए मेन गेट के सामने से होते हुए...स्टेज की तरफ़ बढ़ने की कोशिश कर रहे थे। तभी एक पुलिस ऑफ़िसर उधर से गुज़रा। पन्ना को देखकर रुक गया। उसके साथ पुलिस मैन भी अपने साहब के साथ रुका और पूछा—

"क्या हुआ साहब ?"

जिधर पन्ना और आदि जा रहे थे उधर देखते हुए कहा–

''यह मालती बाई ची मुलगी लगती है।''

''नहीं साहब, मेले में सब एक जैसी लगती हैं।''

''नहीं मैंने उसे देखा है...यह मालती बाई की ही लड़की है।''

और उधर देखता रहा जिधर आदि और पन्ना भीड़ में जाकर गुम हो गए।

''कहाँ गई...?''

तभी कतार में सरकारी गाड़ियाँ सायरन बजाते हुए आने लगीं। इससे लगा कि मालती देवी आ रही थीं। धोले काका ने, जो स्टेज पर खड़े थे, अपने साथी से कहा–

''अब हमें एनाउंस कर देना चाहिए...मालती देवी अब पहुँचनेवाली हैं।''

''जी...''

एक गेट, जिस पर पुलिस खड़ी थी, मैटल डिटेक्टर से लोगों को देख रहे थे। लोग लाइन से खड़े थे और अन्दर आ रहे थे। उस लाइन में आदि और पन्ना भी खड़े थे। और उनके कुछ लोग आगे खड़े थे। तभी इनमें एक आदमी जब गेट पर पहुँचा, तो उसको मिर्गी आ गई और वह वहीं चक्कर खा के गिर गया। पुलिसवाले उसको सँभालने लगे। तब तक मौक़ा पाकर आदि और पन्ना गेट से अन्दर घुस गए। जिसको मिर्गी आई थी, उसको पुलिसवाले गेट के बाहर ले गए और फिर से चौकसी बढ़ गई। तभी लाउडस्पीकर पर सुनाई पड़ा–

''श्रीमती मालती देवी पहुँचनेवाली हैं आप सब लोग खड़े होकर उनका स्वागत कीजिए। बस थोड़ी

देर में मालती देवी यहाँ पहुँचनेवाली हैं...''

सरकारी कुत्ते इधर-उधर घूम रहे थे। हज़ारों की तादाद में जो लोग बैठे थे खड़े हो गए, और उधर देखने लगे जिधर से मालती देवी आ रही थीं। लोग मालती देवी की जय-जयकार करने लगे।

''मालती देवी की जय !
मालती देवी की जय !''

सामने की सड़क से मालती देवी की कार आ पहुँची। आगे-पीछे पच्चीसों कारें थीं। पुलिस का ज़बरदस्त इन्तज़ाम था।

पुलिस की एक जीप गेट पर रुकी। उसमें से Black Cat कमांडोज़ तेज़ी से निकले, और मालती देवी की कार को घेर लिया। धोले काका ने आकर कार का दरवाज़ा खोला। उनके हाथों में फूलों की माला थी। प्रणाम किया।

''नमस्ते...''

''नमस्ते...''

पीछे की कार से पटेल साहब, आदित्य के पिता, जो बहुत बड़े व्यापारी थे, वह भी कार से निकलकर मालती देवी के साथ स्टेज पर जाने लगे। सत्ता के सारे मोहरे बदल चुके थे।

गाँव की औरतें आरती से उन लोगों का स्वागत करने लगीं। मीडियावाले फ़ोटो खींचने लगे। दूसरी तरफ़ भीड़ मालती देवी की एक झलक पाने को उतावली थी। लोग एक-दूसरे पर गिरे जा रहे थे।

साथ-साथ लोग 'मालती देवी ज़िन्दाबाद' के नारे भी लगा रहे थे।

''मालती देवी की जय !''

मेन गेट से स्टेज काफ़ी दूरी पर था। मालती देवी, पटेल साहब, पाटिल साहब, सभी धीरे-धीरे चलते हुए जा रहे थे। पब्लिक उनका स्वागत कर रही थी। उनकी फूल-मालाएँ स्वीकार करते जा रहे थे वो लोग।

इसी भीड़ में पन्ना और आदि भी उनके क़रीब आना चाह रहे थे। भीड़ की धक्का-मुक्की से आदि को लँगड़ा के चलना पड़ रहा था। इसलिए कई बार पन्ना उससे आगे निकल जाती। आदि फिर धीरे-धीरे उस के पास पहुँच जाता था।

पुलिसवाला जो पन्ना को पहचान गया था, वह पन्ना को भीड़ में खोज रहा था। मालती देवी की जय-जयकार सुनाई पड़ रही थी—

''मालती देवी की जय !
मालती देवी की जय !''

भीड़ की धक्का-मुक्की में आदि गिर पड़ा। उसका लकड़ी का पैर टाँग से निकल गया। अब उसका आधा कटा पैर रह गया और नकली पैर भीड़ की धक्का-मुक्की में कहीं दूर चला गया। दो पुलिसवाले आदि को उठाने लगे और ग़ुस्से से कहा—

''लँगड़े हो तो इतनी भीड़ में आने की क्या ज़रूरत थी ?''

दूर से पन्ना ने आदि को पुलिस के साथ देख लिया। एक पल को डर गई।

''चलो...अभी...''

आदि ने पास लगे एक बाँस के टुकड़े को निकाला, बैसाखी की तरह बग़ल में लिया, और पन्ना को भीड़ में खोजने लगा। और फिर ख़ुद

ही चिल्लाया ताकि पन्ना सुन के अन्दाज़ा लगा सके कि वह कहाँ है।

''मालती देवी की जय !

मालती देवी की जय !''

पन्ना ने दूर खड़े आदि को देख लिया और तेज़ी से स्टेज की तरफ़ जाने लगी। आदि भी उसके पीछे-पीछे तेज़ी से जाने लगा।

वह पुलिसवाला अभी भी पन्ना को उस भीड़ में खोज रहा था।

मालती देवी भीड़ का स्वागत करते हुए स्टेज की तरफ़ बढ़ रही थीं। तभी उनकी निगाह एक बच्चे पर पड़ी जो हार लेकर खड़ा था। मालती देवी उसका हार लेकर उसे ही पहना कर उसके साथ फ़ोटो खिंचवाने लगीं।

''मालती देवी की जय !''

मालती देवी लोगों को हाथ हिलाकर उनका धन्यवाद करती आगे बढ़ती जा रही थीं, स्टेज के क़रीब आ चुकी थीं जहाँ से आज उनका प्रांत के लिए, जनता के लिए, उनके सुख-दुख को बाँटने के लिए भाषण होगा।

मालती देवी ने क़दम आगे बढ़ाए ही थे, कि किसी ने आवाज़ दी...और वह आवाज़ पन्ना की थी, उसे महसूस हुआ।

''आई...''

मालती एक पल को वहीं ठिठक कर खड़ी हो गई और इधर-उधर भीड़ में उसे खोजने लगी। तभी भीड़ से निकलती हुई पन्ना पर उनकी निगाह पड़ी। मालती ने आवाज़ दी।

''पन्ना...''

पन्ना भीड़ से निकलकर मालती देवी के पास

आई और मालती देवी की आँखें नम हो गईं अपनी बेटी को देखकर। पन्ना ने माँ के क़रीब आकर पूछा–

''कैसी हो आई...?''

''ठीक हूँ...!''

मालती देवी खाँस रही थीं। मालती देवी के चेहरे पर चमक थी। उसको नहीं मालूम था कि इतनी आसानी से उसको अपनी बेटी मिल जाएगी। पन्ना ने पूछा–

''तबीअत ठीक नहीं?''

''हूँ...''

''खाँस रही थीं रास्ते में, देखा मैंने!''

तभी पुलिस के दायरे को तोड़कर आदि पहुँचा। पुलिसवाले रोकने लगे।

''ए...ए...कहाँ जा रहा है...''

पन्ना की नज़र आदि पर पड़ गई। मालती देवी ने भी आदि को देखा। पटेल साहब जो कुछ दूर खड़े थे, बोल पड़े–

''आदि...''

पुलिसवाले हट गए। बाप-बेटा एक-दूसरे को देख रहे थे। बाप दो क़दम आदि की तरफ़ बढ़ा, आदि लाठी के सहारे घिसटता हुआ पन्ना के क़रीब आया। मालती देवी आदि को हैरत से देखने लगीं। उनको अभी तक इतना ही मालूम था कि आदि मर चुका है। आदि और पन्ना ऐसे मिलेंगे, उन्होंने सोचा भी नहीं था।

बाप, बेटे के सामने खड़ा था। माँ बेटी के सामने खड़ी थी। पन्ना और आदि ने एक-दूसरे को देखा। पटेल साहब ने मालती देवी को देखा। माँ-बाप अपने बच्चों से आँखें नहीं मिला

पा रहे थे। मालती देवी ने पन्ना को बुलाया–
"आ जा..."

लेकिन पन्ना ने अपना हाथ आदि की तरफ़ बढ़ाया, जैसे उसे उसका साथ चाहिए...आदि ने पन्ना का हाथ पकड़ा और ऐसे पकड़ा जैसे अब कभी न छोड़ेगा।

दोनों की आँखों में .ख़ुशी के आँसू तैर गए। एक-दूसरे को मुस्कुरा के देखा। लोग इस ख़ामोशी को समझ नहीं पाए। इस मिलन को भी समझ नहीं पाए। आदि के हाथ से वह डंडा भी गिर पड़ा–जैसे उसे अब सहारे की ज़रूरत नहीं–पन्ना अपने दूसरे हाथ को पेट के पास ले गई और उसी वक़्त एक बहुत भयानक धमाका हुआ। उस धमाके की आग में उनके साथ खड़े लोगों के टुकड़े-टुकड़े होकर आसमान में फैल गए। हर तरफ़ एक धुएँ का गुबार फैल गया।

भीड़ घबरा के भागने लगी। लोग एक-दूसरे पर गिरते-पड़ते भाग रहे थे। इसी शोर में एक आवाज़ आई–
"मालती देवी को बचाओ...मालती बाई कुटे आहे ?"

लोग भाग रहे थे। स्टेज जल रहा था। काला धुआँ आसमान में फैलने लगा और उसी पर एक आवाज़ उभरने लगी...जय हिन्द हिन्द...जय हिन्द हिन्द...

79

एक छोटा सा गाँव, वहाँ की पाठशाला, पन्ना के पिता मिस्टर बर्वे...एक गीत दोहरा रहे थे। स्कूल के बच्चे उनके साथ गा रहे थे—

इस देश की सारी धूप मेरी
इस देश की सारी छाँव मेरी
नदियों का सारा पानी मेरा
हरियाली गाँव-गाँव मेरी

पर भूख मेरी, बीमारी मेरी
क्या जाती नहीं बेकारी मेरी
जब भी कोई सूरज उगता है
हर बार ग्रहण लग जाता है
आकाश मेरा भर जाए तो
कोई मेघ चुरा ले जाता है

आसमान मेरा, वो वर्षा मेरा
लौटा दो मुझे वो हिस्सा मेरा
जय हिन्द हिन्द, जय हिन्द हिन्द, जय हिन्द हिन्द
गुरुमन्त्र मेरा, इतिहास मेरा
तहज़ीब मेरी विश्वास मेरा
मेरी कर्मभूमि, मेरी जन्मभूमि
यह हिन्द है, हिन्दुस्तान मेरा...
जय हिन्द हिन्द...जय हिन्द हिन्द।

ख़त्म शुद

हू तू तू

प्रोड्यूसर : धीरज लाल शाह
डायरेक्टर : गुलज़ार
कैमरा निर्देशक : मनमोहन सिंह
म्यूज़िक : विशाल
गीतकार, कहानी, स्क्रीनप्ले : गुलज़ार
सहायक हिदायतकार : सलीम आरिफ़
मआवन स्क्रीनप्ले : मेघना गुलज़ार
आर्ट डायरेक्टर : नितिन देसाई
ऑडियोग्रॉफ़ी : नरेन्द्र सिंह
सितारे : नाना पाटेकर, सुनील शेट्टी, तब्बू, सुहासिनी मुले, शिवाजी सातम, डॉ. मोहन अगाशे, कुलभूषण खरबन्दा।

●●●